원하는 사람을 사랑에
빠지게 만드는 연애매뉴얼

당.신의
연.애에
답.한다

종이
향기

당신의 연애에 답한다

발행일 2022년 12월 10일

발행처 인성재단(종이향기)

발행인 조순자

편저자 전메리

정 가 16,000원 ISBN 979-11-91292-95-4

당.신의

연.애에

답.한다

차례

03 상대를 읽는 순간 유혹은 성공한다

04 매력 200% 상승 연애 코칭

05 매력은 권력이다

06 차이를 이해하면 마음이 읽힌다

07 연애에 완벽한 실패는 없다

에필로그

좋은 사람이 되면 좋은 사람을 만나게 된다는 말을 한 번쯤 들어봤을 거예요. 당신은 이 말을 듣고 어떤 사람을 가장 먼저 떠올리셨나요? 아마 많은 사람의 머릿속에 다음과 같은 생각이 스쳐 갔을거로 생각합니다.

- 잘생기고 예쁜 게 착한 거야. 외모가 괜찮으면 좋은 사람이지.
- 고스펙, 고학력, 고연봉자. 결국 많이 가진 사람이 좋은 사람이야.
- 진심으로 사람을 대할 줄 아는 사람이 좋은 사람 아니겠어?

이러한 '좋은 사람'이 되기 위해 돈과 시간과 에너지를 모조리 쏟아 부어 본 적이 있나요? 당신이 평범한 외모에 평범한 직장에 다니고 있는 지극히 '평범'의 카테고리에 있다면 연애가 안 풀린다는 이유로 이런 자기계발을 시작하지는 마세요. 그렇게 노력한 이들 대부분은 다음과 같은

난관에 또다시 부딪히게 되니까요.

◉ 다가오는 사람은 많아졌는데 왜 모두 다 나를 금방 질려하지?

◉ 만나는 사람들이 달라지긴 했는데 그들 앞에서 난 여전히 부족한 것 같아.

◉ 왜 사람들은 내 진심을 알아주지 않는 거야!

왜 이런 문제가 생길까요? 당신이 노력한 것은 사회인으로서의 자기계발과 좋은 인성을 위한 자아 성찰이었지, 연애를 위해 노력한 것은 아니었기 때문이에요. 스펙을 쌓다 보면 분명 좋은 조건을 가진 사람을 만날 수 있는 기회는 찾아오고, 자기를 돌아보는 일로 성숙한 사람이 될 수는 있겠죠. 하지만 그다음에는요? 이런 것들은 사람들이 당신에게 관심을 가지게 만들 수는 있지만 사랑에 빠지게 만들지는 못해요.

원하는 사람이 당신을 사랑해 주지 않는 것이 문제라면 그 사람이 당신과 사랑에 빠지게 만들 수 있어야 해요. 진심을 알아주지 않는 사람 때문에 상처받는다면 상대가 당신의 진심을 보고 싶게 만들어야 하죠.

결국 연애의 시작은 누군가의 마음을 사로잡는 힘이에요. 모두에게는 사람을 이끄는 힘이 있지만 이것을 어떻게 보여야 하는지를 모르면 많은 시행착오를 겪게 돼요.

주변을 둘러보세요. 사회생활을 잘하는 사람이 모두 연애를 잘 하지는 않지만, 연애를 잘하는 사람은 사회생활까지 잘하는 것을 확인할 수 있을 거예요. 연애는 인간관계의 최종 관문이니까요. 하지만 학교나 사회에서는 그 누구도 이 중요한 것에 대해 알려주지 않아요. 그러니 직접 구르고 다치면서 배워야 하죠. 지금까지는 방법을 알지 못한 채 사랑에 빠져 치열하게 깨지며 아팠나요? 이제는 당신이 부디 덜 아프게 배울 수 있었으면 해요.

미슐랭 3스타 셰프의 레시피보다 맛있게, 방학 기간 완성 영어 회화보다 빠르게, 스펙업 자격증보다 훨씬 더 당신을 가치 있게 만들어 줄 연애를 위한 특별한 수업을 지금부터 시작합니다. 이제 당신의 연애부터 인간관계까지 모두 풀리기 시작할 거예요.

사람은 자신에게 다 맞춰주는 사람을 사랑하는 것이 아니라,

자신이 맞춰주고 싶은 사람을 사랑하게 된다.

01

유혹에는 순서가 있다

연애의 매커니즘

'어떻게 해야 내가 좋아하는 사람이 나를 사랑하게 될까?'

많은 사람이 사랑을 하지만 정작 자신이 어떻게 사랑에 빠지게 되는지를 모르기에 답답해한다. 누군가에게는 모든 연애의 과정이 그저 어렵게 느껴질 수도 있겠지만 소개팅의 기억만 떠올려보면 간단하게 해답을 찾을 수 있다.

이성적 매력

"외모만 보는 더러운 세상! 나는 생긴 것보다 마음이 더 중요한 사람이라고!"

평소에 이렇게 말하는 사람도 소개팅 전에는 가지고 있는 옷 중에서 가장 괜찮은 옷을 찾거나 평소와 다른 열정으로 쇼핑을 하기 시작한다. 그들도 상대의 눈길을 끌어야 뭐라도 해볼 수 있다는 것을 알고 있으니까. 하지만 사람의 관심을 끄는 방법이 오직 외모뿐이라고 생각하는 이들은 많은 것들을 놓치게 된다.

외적으로 뛰어난 사람이 눈길을 끄는 것은 사실이지만, 지금까지 당신의 눈길을 끈 사람 모두가 어디 예쁘고 잘생기기만 한 사람뿐이었던가. 상대의 분위기와 목소리, 행동과 표정, 여성스러움과 남성스러움이 드러나는 몸매와 스타일에서, 어떤 장소에서 어떻게 만나 무슨 대화를 했느냐에 따라 관심의 크기는 달라진다. 이렇게 만들어진 관심을 이성적 끌림이라고 하는데, 이 끌림은 점차 확장이 되어 나중에는 상대의 성적인 욕구를 자극하게 된다. 단편적으로 옷을 고르는 것만 봐도 그렇다. 남자는 키가 커 보이고 어깨가 넓어 보이는 옷을, 여자는 날씬해 보이고 청순하거나 귀엽거나 섹시한 여성미가 드러나는 옷을 고른다. 만나는 사람에게 이성으로서의 매력을 나타내는 섹스어필을 하는 것이다. 결국 관심은 당신이 이성으로서 매력을 얼마나 드러낼 수 있느냐에 따라 달라지게 된다.

친밀감

소개팅에서 상대가 호의적인 태도를 보인다면 서로 얼마나 비슷한지, 서로 얼마나 대화가 잘 통하는지를 확인하며 본격적으로 친밀감을 쌓기 시작한다. 이렇게 친밀감을 쌓을 때 무조건적인 공감과 리액션만을 고집하는 사람들이 있는데 이들의 애프터 성공률은 그리 좋지 않다. 어떤 말을 하든 맞장구치는 태도는 매력이 없는 저자세로 보이기 때문이다.

과거 사람들과 친해졌던 경험을 떠올려 보면 농담을 하면서 가까워지기도 하고, 상대의 애매한 태도가 궁금해서 다가가기도 하고, 그저 괜찮은 사람처럼 보여서 먼저 친해지고 싶은 마음이 들기도 하지 않았던가. 이처럼 원하는 사람과 가까워지는 방법은 공감과 리액션 외에도 다양한데 이것을 잘 활용하는 사람들이 무사히 상대와 친밀감을 쌓고 다음의 만남을 만들어 낼 수 있게 된다.

투자

소개팅에 나가서 상대가 끌렸고, 대화가 무사히 이어졌다면 다음의 만남을 기약하고 꾸준히 연락하게 된다. 이렇게 시간적, 감정적, 경제적 에너지를 들이는 일, 이것이 곧 관계를 위한 투자가 되는 것이다. 이때는 부담을 느끼지 않도록 시간과 감정 그리고 경제적인 소비를 적절히 조절해야 하며, 자신뿐만 아니라 만나는 사람 또한 관계를 지속하기 위해 에너지를 들이게 만들어야 갑을이 나뉘지 않게 된다.

관계가 진전될수록 이성적 매력은 성적인 욕구로 커지게 되고, 친밀감은 만남을 거듭할수록 깊은 유대감을 만들며, 투자는 관계를 위한 희생과 책임감으로 발전하게 된다. 이러한 이 확장이 일어날 때 비로소 '사귀고 싶다'는 생각을 하게 되는데 이것이 바로 연애의 메커니즘이다.

유혹하는 자, 유혹당하는 자

상대에게 매력적으로 다가가기 위해서는 먼저 관심을 끌어야 하는데 이 관심을 끄는 행동에는 남자가 여자에게, 여자가 남자에게 이성적 매력을 느끼게 만드는 그 모든 것이 포함된다.

이러한 '관심 끌기'는 외적인 매력이 뛰어날수록 쉽게 관심을 받아낼 수 있지만 외모의 최소선만 유지한다면 크게 걱정할 필요는 없다. 앞에서 말했듯 관심을 끄는 데는 훈훈한 비주얼만 효과적인 게 아니니까.

외모의 최소선이란 스킨십을 상상했을 때 거부감이 들지 않는 정도를 말하는데, 이 선은 필수적으로 지켜져야 한다. 아무리 인성이 좋고 가진 게 많아도 신체적 접촉이 꺼려지는 사람을 보며 이성적인 감정을 느끼는 것은 불가능하기 때문이다. 이 정도만 만족한다면 다른 것으로 이성적인 매력은 충분히 더할 수 있다.

분위기를 이용하라

사람은 스킨십이 일어나기 좋은 상황과 환경에 놓이게 되면 자동으로 서로 닿아있는 장면을 상상하게 되고, 그로 인해 가까이 있는 사람을 더욱 매력적으로 느끼게 된다. 이 효과를 이용하기 위해서는 장소 선정이 중요하다.

특정 장소나 상황 같은 외부적인 요인으로 생긴 일시적인 마음의 변화라고 해도 누군가를 이성적으로 보게 되는 순간, 상대는 그 사람을 잠재적인 연애 대상자로서 고려하게 된다.

분위기를 만들기 장소

- 로맨스 영화/연극
- 조명이 있는 와인바
- 감성적인 밤과 야경이 보이는 장소
- 분위기 있는 BGM이 흐르는 차 안

욕구 자극하기

단순히 섹시함이라고 하면 노출이나 탄탄한 몸을 생각하기 쉬운데 이외에도 상대의 욕구를 자극할 수 있는 방법은 다양하다. 그중에 하나가 바로 옷차림, 더 정확하게는 제복이다.

흔히 '유니폼 페티시'를 남자만의 판타지로 여기는 경향이 있는데 이것은 큰 착각이다. 남녀를 불문하고 공적인 영역을 대표하는 차림에서

절제된 모습을 흩트리고 싶은 욕구는 모두에게 존재한다. 그래서 여자들이 슈트 입은 남자에게, 남자들이 유니폼을 입은 여자에게 섹시함을 느끼는 것이다.

옷뿐만이 아니라, 일하는 모습이나 무언가에 집중하는 모습에서 강렬한 끌림을 느끼게 되는데 이것 또한 공적인 영역을 사적인 영역으로 방해하고 싶은 욕구로 인하여 발생한다. 이때는 타인의 기준에서 가치가 높게 평가될 일에 집중하는 것이 가장 효과적인 반응을 부른다. 직업이 영화평론가가 아닌 이상, 넷플릭스에 집중하는 것보다 자격증 공부에 집중하는 모습이 훨씬 더 매력적으로 보이게 된다는 것이다.

상상력을 자극하는 대화

이성적 매력이 하나도 느껴지지 않는 사람을 보며 스킨십을 상상하는 사람은 없다. 이 말은 상대가 당신과 스킨십을 생각하게 만드는 것으로도 이성적 매력을 충분히 어필할 수 있다는 말이 되는데 이때 적절한 것이 바로 상상력을 자극하는 대화다.

이제 가벼운 사람으로 보이지도 않고, 불쾌감도 느끼지 않는 섹슈얼한 대화로 둘 사이 미적지근한 온도를 높여보자.

예시 ①

남: 혹시 올해 버킷리스트 같은 거 있었어?

여: 나는 영어 회화하고 다이어트하는 정도. 너는?

남: 나는 여자 친구랑 1박 2일 펜션 여행. 바닷가에 있는 펜션에서 진짜 아무것도 안 하고 여자 친구를 안고서 잠만 자다 오고 싶다. 제대로 쉬어본 게 언젠지 기억이 안 난다니까.

예시 ①

여: 얼마 전에 네일 케어를 받으러 갔다 왔는데 거기서 왁싱하러 온 남자 손님을 봤잖아.

남: 왁싱? 남자가 왜 필요하지?

여: 뭐… 수염? 브라질리언 왁싱일 수도?

남: 남자가 한다고 그걸? 여자들도 잘 안 하지 않나?

여: 여자들은 여름에 비키니 왁싱을 많이 하지. 근데 난 브라질리언 왁싱도 궁금하긴 하더라. 되게 편하다던데….

이처럼 1박 2일의 여행을 가서 하루 종일 이성을 안고 누워 있는 상황을 상상하게 만드는 대화, 섹슈얼한 호기심이 생기게 하는 대화는 스킨십을 상상하게 만든다. 이러한 대화는 썸이 길어져서 다소 지루해진 시기에, 또는 거리낌 없는 친구 사이로 지내다가 연애 감정이 생겼을 때에도 관점을 변화시키는 방법으로 효과적이다.

상대의 연애 욕구를 자극하라

사람은 목표와 목적이 생겼을 때 비로소 강한 추진력을 발휘하게 되는데 이것은 연애에서도 마찬가지이다. 원하는 사람과 연애를 하고 싶다면 상대에게 연애를 해야 하는 목적을 줄 수 있어야 한다.

대체 사람들은 왜 연애를 할까?

개인 간에게는 본능적으로 사람이나 특정 그룹에 소속되고 싶어 하는 욕구가 존재한다. 이로 인해 우정이나 사랑과 같은 감정을 나누고 싶다는 생각을 하게 되고, 이 욕구가 충분히 채워지지 않았을 때 외로움과 쓸쓸함을 느끼게 되는 것이다. 따라서 상대에게 연애의 목적을 부여하고 싶다면 이 외로움을 자극할 줄 알아야 한다.

갑자기 외롭다는 생각이 들 때 없어요?

사람들과 함께 어울리며 놀다가 적막한 집으로 돌아왔을 때 느껴지는 허전함, 새벽에 문득 잠이 깼을 때 연락할 사람이 없다는 씁쓸함을 다들 한 번씩 느껴 봤을 것이다. 그 사람에게 이 기억을 되새겨주기만 하면 된다.

- "며칠 전에 엄청 나쁜 꿈을 꾸다가 깼는데 연락할 사람이 없더라. 그때 갑자기 외롭다는 생각이 들었어. 너는 그런 적 없었어?"
- "어제 친구들이랑 오랜만에 모여서 술 한잔하고 놀다가 집에 들어왔는데 갑자기 되게 허전한 기분 들더라. 뭔가 집이 휑한 것 같고…."

연애는 매력적인 상대를 독점하고 싶다는 생각에서 시작될 수도 있지만 '누군가와 함께하고 싶다'는 욕구로도 시작될 수 있다. 당신의 매력으로 상대의 독점욕을 자극할 수 없다면 상대의 내면에 있는 외로움을 일깨움으로써 연애의 목적을 심어주는 것이 필요하다.

너는 어떻게 보낼 것 같아?

장례식에 다녀오는 길에 문득, 주인공이 쓸쓸히 죽음을 맞이하는 영화를 봤을 때 불현듯 자신의 마지막 모습을 상상해 본 적이 있을 것이다. 이때 상상한 마지막은 어떤 모습이었는가? 이 질문을 다양한 직종의 다른 삶을 살아온 사람들에게 했을 때 그들은 대답은 모두 한결같았다. 사랑하는 사람과 함께 보내고 싶다는 것.

우리가 자본주의 시대를 살아가고 있는 한 정서적 충만함이 물질적 만족감보다 높은 가치를 가지게 되는 때는 드물지만 죽음 앞에서는 다르다. 곧 죽는다는데 돈을 짊어지고 가겠다는 사람은 없으니까. 그래서 인생의 마지막 날을 생각해 보게 만드는 질문으로 현재 상대에게 가족 외 정서적 충족을 주는 사람이 없다는 것을 알게 만드는 것이 필요하다.

예시①

여: 얼마 전에 너무 아파서 이러다 죽는 건가 싶었다니까. 막상 그렇게 생각하니까 무서운데도 억울한 거 있지? 못 해본 게 얼마나 많은데….

남: 뭘 못 해 봐서 억울하기까지 했대?

여: 다이어트한다고 못 먹은 것도 많고 여행도 제대로 못 가봤고… 하여튼 억울했다니까. 너는 내일 죽는다면 안 억울할 것 같아?

예시②

남: 얼마 전에 뉴스 봤어? 어떤 사람이 아기를 구하려다가 차에 치인 사고가 나왔었잖아.

여: 아, 맞아. 나도 그거 기사로 봤어. 아직 젊던데….

남: 그런 거 보면 천년만년 사는 것도 아닌데 뭘 그렇게 아등바등 사나 싶어서 현타맞잖아. 만약에 너한테 하루밖에 시간이 없다면 뭐 하고 보낼 것 같아?

죽음은 사람의 감정을 크게 동요하게 하는 주제인 만큼 결코 가볍지 않기 때문에 얼마 안 된 사이에서는 꺼내기가 다소 불편한 주제가 될 수 있다. 그러니 연애의 목적을 일깨워주겠다고 만난 지 얼마 안 된 사람에게 죽음에 관한 심오한 이야기를 시도하지 말고 가볍게 접근하자.

제3의 자극 이용하기

주변 사람들이 연애를 시작하거나 청첩장을 주면 문득 연애를 해야겠다는 생각이 들거나 외로움을 느껴본 적이 있을 것이다. 이처럼 사람은 주변의 영향을 받아 생각이 바뀌는 경험을 흔히 하게 되는데 이런 동조 심리를 이용하면 상대의 연애 욕구를 쉽게 불러일으킬 수 있다.

연애의 욕구를 만들어내는 가장 좋은 방법은 로맨스 영화나 연극을 함께 보거나 다정한 지인 커플을 만나는 것이다. 영화 시청보다는 연극이 동조 현상을 더 강하게 일으키고, 연출된 작품을 보는 것보다는 다정한 커플과 함께 만나는 자리에 참석하는 것이 상대의 연애 욕구를 더 크게 자극할 수 있다.

연애하고 싶다는 생각이 들면 가장 먼저 자신의 주변인 중에서 매력적이면서 '호감을 보였을 때 연애로 발전할 가능성이 있는 대상'을 물색하게 되고, 이 단계에서 적절한 대상을 찾지 못했을 때 차선으로 미지의 인물을 탐색하는 소개팅이나 모임을 고려하게 된다. 그렇기 때문에 상대가 연애의 필요성을 느꼈을 때 당신을 '연애 대상자'로 여길 수 있도록 호의적인 태도를 보이거나 연애가 가능한 상태임을 사전에 비친 후에 영화나 연극을 함께 보거나 다른 커플과 만나는 상황을 만들어야 한다.

다가가고 싶은 사람이 되는 A급 시크릿

사랑은 스스로 얻어내는 거라 해도 쑥스러움이 많은 성격 탓에 좋아하는 사람에게 다가가는 것조차 쉽지 않은 사람들이 있다. 이들은 누군가에게 선택받는 수동적인 연애나 짝사랑을 주로 경험하기 때문에 연애를 하며 느끼는 행복감이 다소 적을 수밖에 없다.

사람은 누구나 자신이 좋아하는 사람에게 사랑받을 때 가장 행복한 법. 그러니 먼저 다가가지 못한다고 해서 손을 놓고 있을 게 아니라, 상대가 먼저 다가오게 만드는 은근한 유혹을 시작해야 한다.

사람이 몰리는 곳은 곧 맛집이 된다

우연히 길을 가다가 손님이 줄을 서 있는 식당을 보게 되면 누구나 '한 번 가 볼까?', '여기 괜찮은 곳인가 본데?'라는 생각을 하게 된다. 심지어 그렇게 방문한 식당의 음식이 맛이 없다 하더라도 다른 테이블의 반응이 좋다면 가게를 불평하는 것이 아니라, 자신의 메뉴 선택에 실수가 있었다고 여기게 된다. 결국 줄 선 손님들이 다른 손님들을 부르고, 방문한 사람들의 긍정적 반응이 곧 다른 고객의 컴플레인까지도 방어하는 것이다.

이러한 대중의 생각은 맛집뿐만 아니라, 사람에게도 동일하게 적용된다. 인기가 많을수록 좋아하는 사람이 호감을 느끼고 다가올 확률이 높아진다는 뜻이다. 하지만 대다수가 자신이 좋아하는 사람에게만 호감을 사려고 하는데 집중하는 바람에 이 효과를 제대로 누리지 못한다.

만약 1:1로 보여줄 수 있는 매력이 약하거나, 내성적인 성격으로 먼저 다가가는 것이 어렵다면 여럿이 모이는 자리에서 사람들의 호감을 사는 것으로 상대의 관심을 집중시켜 보자.

다수의 호감을 쉽게 사는 타입

- 외향적인 성격
- 상대를 가리지 않는 친절
- 우월한 외모나 월등한 경제력
- 자신이 속한 그룹에서 상위를 차지하는 서열 또는 권력

꼭 외향적인 성격을 가지거나 외모나 능력이 뛰어나지 않아도 인기는 충분히 많아질 수 있다. 학교 반장, 모임의 운영진, 회사의 팀장 같은 그룹 내의 많은 영향력을 가지는 것으로 다수의 호감을 얻는 것이 가능하

기 때문이다. 이렇게 얻은 사람들의 호의적인 반응이 곧 좋아하는 사람의 감정에 영향을 미치게 된다.

진입장벽을 낮추자

◉ "아, 남자인 내가 봐도 걔는 진짜 남자다. 장난 아니네."

◉ "와! 저 드라마의 여자주인공, 매력 있지 않냐? 같은 여자가 봐도 설레."

간혹 방송을 보다 보면 여자가 봐도 멋있어 보이는 여자, 남자가 봐도 멋있어 보이는 남자를 보게 될 때가 있다. 미디어뿐이던가. 일상에서도 동성에게 동경에 가까운 끌림을 불러일으키는 사람을 만날 때가 종종 있다. 이러한 일련의 경험으로 인하여 많은 사람들이 자신의 매력 설정에 오류를 겪고 만다.

여중, 여고 여대처럼 여자로만 구성된 집단에서는 허술한 성격 탓에 손이 많이 가는 친구보다 중성적인 느낌의 여사친이나 센 성격에 사이다 역할을 하는 친구가 여자들 사이에서 인기가 많다.

하지만 과연 남자들 눈에도 이러한 여자의 모습이나 행동이 매력적으로 보일까? 다수의 남자들은 자신에게서 볼 수 없는 여성적인 모습에 매력을 느끼게 되고, 뭐든 해낼 것 같은 강한 여자보다 도움이 필요한 여자에게서 보호본능을 느끼고 나아가 그러한 모습에서 연애로 발전할 가능성을 보게 된다.

반대의 경우도 마찬가지로 동성이 봤을 때 매력적으로 느끼는 남자의 모습과 여자들이 선호하는 남자의 모습에는 차이가 존재한다. 남자들이 선호하는 액션, 히어로물에 등장하는 주인공들을 보면 하나같이 강인한 이미지를 가지고 있는데 이렇게 지나치게 남성성이 강조되는 성격과 행동, 말투는 여자에게 거부감을 불러일으키게 된다.

이 외에도 남자들의 동경심을 불러일으키는 갱스터, 느와르물 또한 연애력을 떨어뜨리는 대표적인 장르다. 이런 영화에 등장하는 주인공의 무심하고 시크한 모습에 매력을 느껴 현실을 구분 못하고 따라 하다가는 눈 깜짝할 사이에 여자들의 기피 대상이 될 수 있다. 우리가 만날 그녀들은 가상과 현실을 냉정하게 구분한다는 것을 잊지 말자.

대부분의 여자들은 남자의 가벼운 장난에 친근함을 느끼고, 다정한 모습에 끌림을 느끼며 많은 남자들은 여자의 친절에 기대를 하게 되고, 도움을 필요로 하는 인간적인 빈틈에서 가까워질 기회를 보게 된다. 그러니 남자들이 다가가고 싶어 하는 여자, 여자들이 다가가고 싶어 하는 남자가 되길 바란다면 이성의 관점에서 선호도를 고려하여 상대가 쉽게 다가올 수 있도록 만드는 것이 무엇보다 중요하다.

스토리가 사람을 홀린다

어제 하루가 어땠는지 묻는 질문에 흥미로운 대답을 할 수 있는 사람은 드물다. 학생이라면 등교했다가 학원을 마치면 자기 바쁜 하루를 반복할 테고, 직장인은 회사와 집을 오가기도 빠듯할 텐데 그 사이에 무슨 유익한 일을 할 수 있을까.

이렇게 단조로운 생활 패턴은 당신이 좋아하는 사람도 크게 다르지 않다. 그렇기 때문에 상대적으로 자신보다 더 흥미로운 스토리, 그럴싸한 하루를 보내는 사람에게 특별함을 느끼게 된다. 이 말에 벌써부터 연애를 포기하고 싶어지는 사람이 있다면 부담은 잠시 내려놓아도 좋다. 감정의 변화가 드러나는 대화만으로도 특별한 하루를 보내는 사람이 될 수 있으니 말이다.

- "어제는 그냥 회사 갔다가 피곤해서 아무것도 못 하고 넷플릭스 보다가 잠들었어." (X)

→ "어제는 진짜 아침에 일어나기 힘들어서 회사 가는 길에 커피까지 사 마셨는데 종일 잠이 쏟아지는 거야. 그 기분 알지? 눈 뜨고도 잘 수 있을 것 같은 기분. 집에 와서 넷플릭스에서 보던 거마저 보려고 했는데 얼마나 피곤했는지 8시에 잠들었잖아." (O)

- 남: 출근 잘했어?
  여: 버스 놓칠 뻔했는데 다행히 제때 도착했어. (X)

→ 오늘 핸드폰 보다가 버스 놓칠 뻔했잖아. 지각하는 줄 알고 아찔했네 진짜 (O)

- "나, 오늘 저녁은 그냥 타코야키로 대충 먹었어." (X)

→ "나, 오늘 저녁에 타코야키 파는 트럭을 발견했잖아! 3000원을 품고 다닌 보람이 있었다니까. (O)

한겨울 퇴근길, 누군가는 길거리에서 파는 다코야키를 사 먹은 게 전부인 저녁을 보냈고, 다른 누군가는 고대하던 다코야키 트럭을 만나 만족스러운 저녁을 보냈다. 이것이 어떤 것을 했느냐보다 어떤 감정을 느꼈냐가 중요한 이유다. 감정의 동요를 드러내는 것만으로도 별 볼 일 없는 하루가 순식간에 특별해지고, 결과적으로 듣는 사람으로 하여금 흥미로움을 느끼게 만든다.

해야 할 일이 많을수록, 나이가 들수록 반복되는 일에 무신경해져서 감정이 동요되는 일도 줄어든다. 그러한 변화에 순응하게 되면 자신이 가진 스토리의 힘, 그것으로 사람을 끄는 매력은 점점 사그라들어서 결국 그저 평범한 사람으로 전락하고 만다는 사실을 잊지 말기로 하자.

미끼를 던져야 걸려든다

'쟤는 대체 나한테 관심이 있는 거야 없는 거야?'

'얘가 그때 왜 그랬지? 혹시 나한테 관심 있는 건가?'

한눈에 감정이 또렷하게 드러날 만큼 행동하는 사람도 있지만 성격이나 상황, 감정의 크기에 따라서 호감이 있다 하더라도 명확하게 드러나지 않는 사람들이 존재한다. 모든 사람의 호감과 호의를 알아차리기란 불가능하다는 것이다. 이렇게 상대의 감정을 명확하게 알 수 없을 때에는 수동적으로 상대가 보이는 행동을 분석하면서 시간을 보내는 것보다는 먼저 다가가서 그 사람의 마음을 사로잡는 것이 더 현명하다.

이때는 상대를 의식하게 만드는 것을 시작으로, 당신을 알고 싶게 만드는 것으로 서서히 감정을 확장하는 것이 좋다. 이렇게 다가가는 방법은 그리 어렵지 않다. 이미 그 사람으로 인해 일련의 과정을 직접 겪어 봤을 테니까.

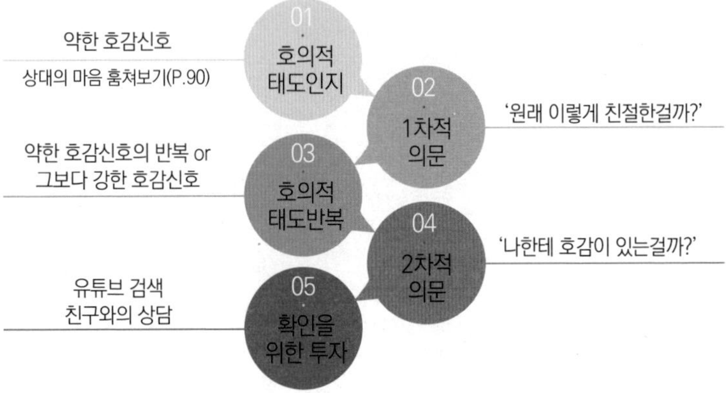

처음엔 상대의 호의적인 행동에 '원래 이런 사람인가?'라는 미약한 의문이 들기 시작하고 이것이 두어 번 반복될수록 점점 더 강하게 그 사람의 마음이 궁금해졌을 것이다. '혹시나…' 하는 생각에 유튜브에서 [호감/호의 시그널]을 찾아보거나 친구들한테 얘기하며 상대의 마음을 읽어내려고 들이는 시간이 길어지다가 문득, 상대를 좋아하게 되어버린 자신을 발견하고 자존심 상한 기분을 느끼지 않았던가.

이렇게 자신이 겪은 것을 상대에게 똑같이 돌려주기만 하면 된다. 친절을 가장한 애매한 호감을 먼저 던지면 그걸 받은 상대는 당신의 마음이 뭔지 궁금해하게 되고, 그 궁금증을 해소하기 위해 주시하게 될 것이다. 이것이 바로 관심 끌기의 시작이 된다.

◉ "여기 앞에 새로 생긴 식당, 엄청 맛있던데 가봤어요? 다음에 우리 같이 먹으러 가요. 시간 되는 사람들이 있나 모르겠네."

→ 이때는 데이트를 만들어 내는 느낌이 아니라 '언제 기회가 되면 같이 가자'는 의미 없는 약속을 하는 느낌이 적당하다.

◉ "그때 ○○ 씨도 토피넛라테 좋아한다고 했죠? 나도 되게 좋아하거든요. 혹시 맛있는 카페 알아요?"

◉ "너 커피 안 마신다 그러지 않았어? 이 앞에 허브티 종류 되게 많더라. 그 카페로 가자."

◉ "얼마 전에 꿔바로우 먹고 싶다 그랬었지? 우리 오늘 중국집에 가서 저녁 먹으면 되겠네."

→ 과거에 들었던 상대의 취향, 기호성을 기억하고 있다는 것을 상대에게 알리는 것이 포인트.

◉ "나도 머리 짧게 자른 게 어울리려나? 긴 게 나은가?"

◉ "나, 머리 내렸을 때가 나아? 올렸을 때가 나아?"

→ 상대에게 당신을 평가하게 하고, 상대의 취향을 물어주는 것도 애매한 호감에 해당된다. 이때 상대의 의견을 수렴해 주면 상대는 김칫국을 마시게 될 것이다.

◉ "여기 앞에 커피 1+1 하더라. 너 한 잔 마셔."

→ 상대를 위해 준비했다는 걸 드러내기보다는 있는 것을 나눠주는 게 훨씬 은근하고 애매하다.

성급하게 "나는 너를 좋아해."라는 말로 확신을 주게 되면 상대는 그 마음을 받을지, 거절할지를 선택하게 되지만 '내가 너를 좋아할까? 아닐까?'라는 애매한 태도로 알 수 없게 만들면 상대방은 거절과 수락을 할 수 없게 된다. 더욱이 이 답을 찾기 위해 자신을 궁금해하게 만든 당신을 관찰하고 의식하게 될 것이다.

이번에 알려준 은근한 표현으로 궁금증을 유발하고 싶다면 무의식적으로 하게 되는 비언어적 호감 표현을 조절하는 것이 중요하니 꼭 기억하기로 하자.

사은품보다 리미티드 에디션

'웃으면 행복해진다'라는 말이 과학적으로 증명된 것처럼 때론 감정은 특정 행동으로 인해 발생하기도 한다. 이러한 사실을 알고 있다면 누군가의 마음을 한결 수월하게 사로잡을 수 있다. 원하는 사람이 사랑에 빠진 사람의 행동을 하게 만드는 것으로 그 사람의 감정을 키울 수 있게 될 테니 말이다.

사랑에 빠진 사람은 둘 사이를 특별한 관계로 발전시키기 위해 데이트 비용이나 상대에게 잘 보이기 위해 자신을 꾸미는 데에 경제적인 지출을 하게 된다. 또한 만나지 않는 시간에도 연락을 하며 시간을 들이게 되며, 자신도 모르게 좋아하는 사람으로 인해 하루에도 몇 번씩 기분이 달라지는 감정의 에너지 소모를 겪게 된다. 이러한 경제적, 시간적, 감정적 소비는 연애를 하기 위한 가장 기본적인 투자라 할 수 있는데, 좋아하는 사람의 마음을 얻기 위해서는 상대가 이 세 가지의 투자를 하게 만드는 것이 중요하다. 누군가를 위해 물건을 사고, 누군가를 생각하는 시간이 길어지고, 누군가로부터 자신의 기분이 달라지는 것을 깨닫는 순간 좋아하는 감정을 인정할 수밖에 없을 테니까.

시간적 투자

만난 지 얼마 안 된 사람에게서 대단한 투자를 받아내기란 힘들뿐더러 성급한 시도는 오히려 거부감을 줄 수 있다. 그래서 처음엔 쉽게 들어줄 수 있는 것부터 시도하는 것이 좋다.

예시①

여: 점심시간인데 뭐 먹지? 배고프다. 넌 먹었어?

남: 난, 지금 먹고 있는 중.

여: 뭐 먹는데? 궁금해. 나도 좀 보자.

남: (사진 전송) 맛있겠지?

→ 점심 메뉴에 관한 대화로 상대로 하여금 사진을 보내게 만드는 투자를 발생시킬 수 있다.

예시②

남: 오늘 날씨, 진짜 덥다. 찜질방에 있는 것 같아.

여: 나는 머리 하러 왔는데 여긴 엄청 시원해.

남: 오, 머리하러 갔어? 다 하고 사진 보내 봐. 궁금하다.

→ 일상에 관한 대화로 상대로 하여금 사진을 보내게 만드는 투자를 발생시킬 수 있다.

예시③

여: 아, 난 원래 낮잠은 안 자는 편인데 오늘은 너무 나른하다.

남: 그러지 말고 잠깐 눈 좀 붙여.

여: 혹시 못 일어나면, 밤낮이 바뀔까 봐.

남: 알람 맞춰 놓고 자면 되잖아.

여: 그래 볼까? 다섯 개 맞춰 놨는데 설마 못 일어나진 않겠지?

남: 에이! 설마 다섯 개나 못 들을 리가?

여: 혹시 모르니까 네 시에 전화 좀 해줄래? 나, 밤낮 바뀌면 안 된단 말이야.

→ 시간을 체크하고 전화를 해주는 시간적 투자를 발생시킬 수 있다.

일상에서 가장 적은 노력으로 받아낼 수 있는 것이 사진이다. 지금 뭘 하고 있는지, 뭘 먹고 있는지, 어떻게 바뀌었는지 등에 관한 사진을 요청하면 그에 응하는 데 들이는 사사로운 수고와 시간을 손쉽게 받아낼 수 있다. 또한 일상의 사진을 서로 주고받으면서 하는 대화는 친밀감을 높이기도 쉬워지게 된다.

만약 서로의 호감을 이미 확인했거나 썸을 타는 중이라면 이보다 강도 높은 요구가 가능하다.

예시④

남: 이상형이 어떻게 돼요?

여: 음… 별로 생각해 본 적 없는데 생각해 보면 취향이 비슷한 사람을 좋아했던 것 같아요. ○○ 씨는요?

남: 저도 딱히 생각해 본 적은 없어요. 취향이라면 먹는 취향을 말하는 거예요?

여: 먹는 것보단 영화나 음악 같은 거? 영화 보러 가서 취향이 너무 다르면 같이 보는 것도 좀 힘들더라고요. 참! 연말에 〈스파이더맨〉 개봉한다는 얘기 들었어요?

→ 자신의 취향 공개

남: 아, 판타지 액션을 좋아하시는구나. 저도 〈스파이더맨〉 되게 기다리고 있었어요.

→ 상대의 취향에 맞추려는 노력

최소한 호감이 있는 상태라면 상대의 이상형과 취향에 공감하게 되고, 상대의 취향을 토대로 상대를 탐색하고 알아가는 시간을 들이며 대화를 이어가기 위해 노력하게 된다. 위의 대화처럼 상대가 당신을 탐색하면서 당신의 취향에 맞추려는 행동을 하게 만들기 위해서는 오프라인에서보다 온라인상에서 대화하는 게 훨씬 좋다.

예시⑤

◉ 지금 친구들 만나러 가는 길이라서, 이따 들어가자마자 연락할게.

→ 기다리게 만들기

◉ 금요일엔 선약이 있는데 토요일은 어때?

◉ 낮엔 일이 좀 남아서… 저녁엔 괜찮을 것 같은데 어때?

→ 데이트를 위해 스케줄을 조정하게 만들기

이런 식으로 언제쯤 연락을 하겠다고 알리면 상대는 마치 어린 왕자에 나오는 여우처럼 그 시간을 기다리게 된다. 데이트 시간이나 날짜를 제시했을 때 그것을 조율하는 것도 마찬가지로 당신의 시간에 맞추는 상대의 노력을 받아내는 행동인데, 이것은 최소 첫 데이트를 무사히 마친 후 시도하는 것이 좋다. 첫 만남에서는 '만나기 어려운 사람'이라는 느낌을 주는 것보다 '나를 반가워하는 사람'이라는 느낌을 주는 것이 앞으로의 만남을 더 수월하게 만들기 때문이다.

경제적 투자

◉ "난 요즘 애즈펌[1] 하고 다니는 남자만 보면 되게 분위기 있어 보이더라. 어? 근데 너도 잘 어울릴 것 같은데 해본 적 없어?"

◉ "요즘 긴치마 잘 어울리는 여자가 왜 이렇게 예뻐 보이나 몰라. 그러고 보니 너도 다리가 길어서 잘 어울릴 것 같은데?"

경제적 투자라고 하면 데이트 비용을 모두 떠넘기는 행동이라 생각하기 쉬운데 그런 식의 태도는 앞으로의 관계를 망칠 수 있다. 하지만 넌

1 남자 파마 스타일 중 하나로 '가르마펌'과 달리 앞쪽까지 컬을 주어 이마를 가리므로 이마를 드러내는 게 부담스럽거나 콤플렉스인 사람에게 추천되는 스타일이다.

지시 선호하는 취향을 이야기하며 상대에게 잘 어울리는 스타일을 권하면 듣는 사람은 자신을 위한 소비로 받아들이기 때문에 거부감을 덜 가지게 된다. 결과적으로는 당신의 취향에 맞추는 경제적 투자로 이어지게 되는 것이다.

이런 식으로 유도할 때는 "다음에 꼭 하고 와" "다음에 보여줘"라는 식의 말은 하지 않는 것이 좋다. 경우에 따라 거부감을 불러일으킬 수 있고 반발심을 자극할 수도 있기 때문이다. 그러니 되도록 권유나 추천의 느낌만 주기로 하자.

감정적 투자

감정적 투자는 절실한 마음으로 당신을 원하게 만드는 것이 아니라 감정의 변화를 유도하는 것이다. 상대의 감정을 고조시킨 후에 기대하는 바를 주지 않음으로써 만들어 낼 수도 있고, 상상하게 만들어서 감정 기복을 유발할 수도 있다.

- "저녁 만들어줄 게 어때? 나, 파스타 되게 잘하는데."
- "바닷가로 여행 가고 싶다. 자면서 듣는 파도 소리가 너무 좋던데. 우리 나중에 같이 가면 좋겠다."

예를 들어 저녁 식사를 만들어 준다는 명목으로 상대를 초대하면 수락한 사람은 좋든 싫든 어느 정도의 스킨십을 예상하게 된다. 하지만 예상한 스킨십이 일절 이뤄지지 않으면 어떻게 될까? 여자라면 미묘한 안도감 또는 허탈감을, 남자라면 허탈감을 더 크게 느끼게 될 것이다. 이러한 것이 모두 감정적 투자가 된다.

하지만 만난 지 얼마 안 됐는데 집으로 초대하는 것은 자칫 상대를 가볍게 생각하는 사람처럼 보이기 쉽기 때문에 최근에 가까워진 사이라면 산책할 때 손을 잡기 좋은 거리를 유지하면서 상대가 스킨십을 기대할 수 있는 상황을 만들거나, 늦은 밤 밀폐된 공간에서 키스하기 좋은 분위기가 만들어졌을 때 오히려 그 행동을 하지 않는 것으로 상대의 감정을 흔들어보자.

급발진으로 들어가는 행동

달달한 썸이 시작되는 순간 아프다는 그녀의 말에 약봉지를 들고 집 앞으로 찾아가 봤거나 친구들과 술 마시러 간다는 그의 말에 걱정과 당부를 늘어놓은 적은 누구나 한 번쯤 있기 마련이다.

대체적으로 이런 급발진은 만나는 사람의 감정을 고려하지 않고, 상대도 당연히 자신과 같은 마음일 거라는 착각에서 비롯된다. 하지만 이러한 행동이 반복될수록 '무매력', '부담스러운 사람'으로 낙인찍히기 십상이라는 것을 알아야 한다. 특히 아직 서로의 감정이 비슷한 크기인지 확신할 수 없다면 더더욱 급발진만큼은 하지 말아야 한다. 마음이 앞서 다 된 밥에 재를 뿌리지 않도록 썸을 탈 때 부담감을 유발할 수 있는 행동을 준비했다.

목적형 대화

썸 탈 때뿐만 아니라, 관심 있는 사람이 생기게 되면 상대의 근황과 일상이 궁금해지기 시작하고, 많은 시간을 함께하고 싶어지게 된다. 하지만 이러한 바람으로 인해 대화의 맥락이나 주제와 상관없이 오직 만남을 제안하는 목적성 질문을 반복하는 것은 멈춰야 한다. 조급함을 드러낼수록 상대는 감정의 격차를 실감하게 될 테니까.

예시 ①

여: 오늘 뭐 해?

남: 그냥 피곤해서 집에 있으려고 해.

여: 쉬는 날 집에 있으면 아깝잖아. 나랑 밥 먹으러 가자.

예시 ②

남: 혹시 주말에 시간 괜찮으세요?

여: 어쩌죠? 제가 주말에는 선약이 있는데.

남: 그럼 평일에 편한 시간은요?

여: 그건 월요일에 출근해 봐야 알 수 있어서.

남: 그럼 출근하고 나서 알려 주세요.

(다음 날)

남: 일정 확인해 봤어요? 언제 시간 나세요?

예시③

여: 점심 먹었어?

남: 아니, 아직 안 먹었어. 삼겹살 먹고 싶다.

여: 먹으러 가면 되지. 오늘 저녁에 먹으러 가자.

남: 나, 오늘 저녁에 약속 있어.

여: 나는 안 만나 주면서….

영화 취향에 대해 얘기하다가, 좋아하는 음식에 관해 얘기하다가, 오늘 있었던 일을 얘기하다가 시도 때도 없이 '만나자'는 목적을 내비치는 사람이 있다. 한두 번이야 호감이 있어서 그러겠거니 생각하고 듣는 쪽에서도 크게 신경 쓰지 않겠지만 계속해서 만남을 시도하는 목적형 대화에 상대가 거절을 몇 번 반복하다 보면 일상적인 대화도 나누기가 불편해지는 사이가 되는 것은 한순간이다.

누군가는 예시의 대화를 보고 '저 정도는 친구 사이에서도 하는 대화가 아닌가?' 하고 의아해할 수도 있다. 당연히 오랜 시간 서로 친밀감을 쌓은 친구 사이라면 전혀 문제 될 게 없는 대화이지만 만난 지 일주일밖에 안 된 상대와는 그만한 친밀감이 만들어졌을 리가 없지 않은가. 더욱이 상대에게 마음을 이미 들킨 상황이라면 친구 사이에 가능한 대화도 급발진이 될 수 있음을 잊지 말자.

특히 이미 이런 목적형 대화를 몇 번이나 반복한 상태라면 선톡을 보낼 때 "뭐 해?"라고 묻는 것은 무조건 피하길 바란다. 만나자는 목적이 뚜렷하게 드러난 대화에 질리게 되면 일정이나 상태를 묻는 질문에 왜곡된 해석을 하기 때문이다.

- "뭐 해?" = '또 만나자고 하겠지?'
- "내일은 뭐 해?" = '내일 만나자고 하겠지?'

본격적인 대화를 시작하기도 전에 듣는 쪽에서는 이미 수락과 거절을 고민하게 된다. 서로 호감의 크기가 비슷하다면, 이런 목적형 대화는 관계를 진전시키는 데 긍정적인 영향을 주지만 상대의 관심도가 현저히 적거나, 한쪽에서 일방적인 짝사랑을 하고 있다면 오히려 거부감을 살 수 있으니 주의해야 한다. 이때는 서두를 생략하고 본론으로 바로 돌입하는 대화로 티키타카를 만드는 것이 훨씬 낫다.

- "오늘 운동 갔다 왔는데 진짜 죽겠다."
- "너, 연예인 김○○ 결혼한다는 기사 봤어?"

부담과 센스의 한 끗 차이

짝사랑하는 상대의 생일이 다가오거나 썸 타는 중에 밸런타인데이나 크리스마스 같은 기념일을 맞이하는 경우가 있다. 이때가 급발진이 가장 많이 일어나는 시기, 이름하여 '급발진 위험 구간'이다.

상대의 호감을 더욱 증폭하는 데는 시기적절한 선물이 효과적이긴 하지만 선물이 고르는 데는 말 그대로 '센스'가 필요하다. 이 센스를 갖추기 위해서는 '사은품보다 리미티드 에디션'(P.35)에서 다룬 투자에 관한 내용을 되새겨 봐야 한다. 호감이 생기니 순간부터 사람은 감정적, 시간적, 경제적 투자를 하게 되는데, 이 세 가지 투자의 상한선을 관계에 따라 다르게 설정해야 급발진을 방지할 수 있다.

만약 누군가에게 다음과 같은 선물을 받는다면 어느 것에서 더 큰 애정을 느끼게 될까?

① "수고해."라며 카카오톡으로 보내온 4200원짜리 커피 기프티콘
② "네가 좋아하는 꽃이라고 해서 사주고 싶었어."라며 직접 가지고 온 3000원짜리 화분

②번을 선택한 쪽이 더 많을 것이다. 기프티콘 하나를 보낸 사람보다 화분을 선물한 사람에게서 자신이 좋아하는 꽃을 기억하고 있었다는 고마움(감정적 투자)과 꽃을 고르고 전해주는 데 소요된 노력(시간적 투자)을 체감하기 때문이다.

하지만 이것을 관심 없는 사람에게서 받으면 어떻게 될까? 커피 기프티콘 정도는 사소한 호의에도 충분히 주고받을 수 있는 것이므로 부담을 느끼지 않지만 고작 3000원짜리 화분에는 엄청난 부담을 느끼게 될 것이다. 그래서 현재의 관계에 맞는 적절한 투자의 상한선이 곧 그 사람의 센스를 좌우하게 된다.

① "수고해."라며 카카오톡으로 보내온 4200원짜리 커피 기프티콘

→ 시간★ 감정★ 경제적 지출★

② "네가 좋아하는 꽃이라고 해서 사주고 싶었어."라며 직접 가지고 온 3000원짜리 화분

→ 시간★★★ 감정★★★ 경제적 지출★

받는 사람의 입장을 고려하지 않고 막무가내로 전달하는 진심은 그 누구도 감동시킬 수 없다. 그러니 일방적인 관심 또는 감정의 크기가 동일하지 않은 썸 초기에는 아픈 사람을 위해 직접 죽을 사서 찾아가는 것보다 기프티콘을 보내는 것이 센스 있는 행동이라는 것을 기억하자.

참고로 본격적인 연애로 돌입하여 선물로 상대를 감동시키고 싶을 때는 감동을 크게 받는 포인트가 나이대별로 달라진다는 것을 알아 두면 도움이 된다.

10대와 20대 초반에는 사회생활을 시작하지 않아 경제적으로 풍족하지 않지만 시간적인 여유가 있고 감정을 느끼는 폭도 크다. 그래서 상대의 사소한 행동에도 기분이 달라지는 감정적 투자는 미약한 호감에서도 분히 나올 수 있고 그들을 위해 먼 곳으로 만나러 가는 시간적 투자도 어렵지 않게 할 수 있다. 하지만 호감이 애정으로 발전한 게 아니고서는 자신이 가장 부족한 경제적 투자는 과감하게 발생하지 않는다. 상대를 향한 감정이 크지 않을수록 자신이 가장 많이 가진 것만 들이게 된

다는 것이다.

20대 후반부터는 과거에 비해 경제적으로는 여유로워지나, 시간은 그만큼 부족해지며 여러 번 경험한 사랑과 이별로 감정을 느끼는 폭까지 작아지게 된다. 그래서 미약한 호감이 생겼을 때 셋 중 가장 여유로운 경제적 투자가 먼저 발생하게 되고, 수시로 연락하거나 만나러 찾아가는 시간적 투자는 가벼운 호감 이상으로 발전이 되었을 때 비로소 나오게 된다.

나이대별로 체감하는 가치

- 10대 ~ 20대 중반: 경제적 투자 > 시간적·감정적 투자
- 20대 후반 ~: 시간적 투자·감정적 투자 > 경제적 투자

그러므로 특정 나이대에 가장 가치 있는 투자가 발생할수록 받는 쪽의 감동은 커지게 된다.

연애를 드라마로 배운 로맨틱한 스타일

동물을 키워본 사람이라면 반려동물이 자신의 공간에 마킹하는 행동을 익숙하게 봤을 것이다. 동물에게도 자기만의 영역이 있듯 사람에도 자신만의 영역이 존재한다. 이런 소중한 공간에 허락받지 않은 자의 침입을 경험할 때가 있으니 그것이 바로!

"지금 너네 집 앞인데, 잠깐 나올래?"

둘이 애틋한 감정을 공유한 사이라면 이런 행동까지 로맨틱할 수 있으나 그렇지 않은 관계라면 불쾌함과 불안감을 심어주게 된다. 막연히 썸을 타고 있기 때문에, 상대가 고백을 받아줬기 때문에 상대의 감정도 자신과 같을 거라고 착각하는 것은 금물이다. 연애를 시작한 지 얼마 되지 않았거나 만나는 사람의 감정을 가늠할 수 없다면 찾아가기 전에 동의를 구하는 것이 관계를 지키는 가장 안전한 길이다.

사람을 질리게 하는 급발진

단순히 서로 약간의 호감과 관심이 있다는 것을 확인한 사이일 뿐인데 갑작스럽게 '남친(여친)' 코스프레를 하려는 사람이 있다. 마치 사귀는 사이인 것처럼 상대의 행동을 통제하고 지나치게 애처럼 대하는 행동으로 만나는 사람의 주체성을 앗아가는 경우는 급발진에 해당한다.

- "술 마시러 안 갔으면 좋겠는데 거기 다른 여자도 있을 거 아냐."
- "그 모임에 남자(여자)도 있어?"
- "OO이? 걔, 남자지? 어떻게 아는 사인데?"
- "밥 안 먹으면 내가 혼낸다고 했지?"

사귀기 전부터 사생활을 간섭하고 통제하려는 것도 모자라서 오그라드는 말까지 스스럼없이 한다면 그야말로 총체적인 난국이다. 벌써부터 남친(여친) 코스프레에 빠져 있는 모습을 보며 앞날의 밝은 연애를 생각하는 사람은 그리 흔치 않을 테니까.

이러한 행동은 급발진을 반복하는 사람은 물론, 연애를 해본 적이 없는 모태솔로들이 가장 흔하게 저지르는 실수다. 아직 확정되지 않은 관계나 연애 초기에는 만나고 있는 사람의 사생활을 존중하면서 관계를 탄탄하게 만들어가는 것이 훨씬 좋다.

- "평소에 밥 잘 안 챙겨 먹나 봐? 다음에 만나면 맛있는 거 먹으러 가야겠다."
- "친구들이랑 있을 텐데, 카카오톡 하느라 눈치 보지 말고 잘 놀고 들어가면 연락해."
- "잠 못 자서 피곤하겠다. 나도 오늘 피곤해서 커피 사러 왔는데 너도 기운 내." (기프티콘 전송)

늦은 밤, 장문의 문자메시지

여유가 없고 성격이 급한 사람들은 상대가 자신이 원하는 대로 반응해주지 않거나, 자신이 예측하지 않은 반응을 보게 되면 혼자 안달이 나서 늦은 밤 장문의 카톡을 시도한다.

"아무리 생각해 봐도 나는 우리가 대체 무슨 사이인지 모르겠어. 나는 그저 친구처럼 하루를 공유할 수 있는 사람을 만나고 싶었던 것뿐인데 아무래도 이렇게 바쁜 너랑은 그런 쉬운 일도 어려울 것 같다는 생각이 들어. 이렇게 애매하게 지낼 거라면 앞으로 좋은 친구로 남는 게 훨씬 좋지 않을까 싶어."

충분히 예상 가능한 일인지는 모르겠으나 이렇게 일방적으로 통보하는 사람은 남자보다 여자가 훨씬 많다. 자꾸 안달 나게 되는 자신을 보면서 자존심도 상하고 사랑받지 못한다는 괴로움에서 벗어나기 위해 극단적인 상황을 연출하는데 이러한 순도 높은 급발진에 순순히 응해주는 사람이 있을 리가 없다. 이런 메시지를 보내면서 내심 상대가 자신을 붙잡아 주거나, 자신의 힘듦을 이해해 주길 기대하겠지만 받는 입장에서는 서로 다른 애정의 크기를 실감하고 부담을 느끼게 될 뿐이다.

●●●

아무것도 하지 않고 좋아하는 사람이 알아서 다가와 주길 바라는 것은

복권조차 사지 않고 당첨되길 바라는 것과 같다.

02

사람은 누구에게 끌리는가

유혹의 성패를 나누는 5초

사람의 뇌는 처음 본 것을 가장 노래 기억하게 되어 있다. 오죽하면 그 기억이 콘크리트처럼 굳어진다고 해서 '콘크리트 법칙'이라고 할까. 이 말은 상대를 처음 대면하는 짧은 순간에 나쁜 인상을 주게 된다면 호감은 고사하고, 굳어버린 첫인상을 수정하는 데만 많은 시간과 노력을 들여야 한다는 뜻이 된다. 하지만 비관적일 필요는 없다. 반대로 생각하면 첫인상을 결정하는 몇 초 동안에 매력적인 모습을 보이는 것만으로도 자신의 좋은 이미지를 오래 남길 수 있다는 말이 되기도 하니까.

저는 사람 볼 때 느낌을 보는 편이에요

"이상형은 따로 없는데… 굳이 말하자면 느낌?"

소개팅에 나가기 전이나 관심 있는 사람에게 슬쩍 이상형을 물었을 때

'느낌'이라는 답을 들었던 적이 있을 것이다. 이런 애매한 대답을 들으면 어떤 식으로 다가가야 할지, 대체 무슨 느낌을 어떻게 줘야 할지 난감한 기분을 느끼게 된다.

자신의 이상형으로 느낌을 이야기하는 이들은 대체로 과거에 만났던 전 애인들의 분위기가 서로 비슷하거나, 선호하는 타입의 이미지가 확고한 경우가 많다. 이들은 인성, 성격, 태도, 장점 등을 파악하며 천천히 사랑에 빠지기보다는 타인이 가진 이미지와 분위기를 읽을 수 있는 짧은 순간에 상대에게 강렬한 끌림을 느낀다. 그래서 사전에 상대가 선호하는 방향을 파악하는 것이 관건이다.

만약 소개팅을 받고 만남이 만들어지기 전에 대화를 하게 됐을 때나, 이미 알고 지내던 사람에게 이러한 대답을 들었다면

"그러면 좋아하는 연예인은 누구예요?"

라고 질문해 보길 바란다. 이에 대한 답을 통해 상대가 선호하는 분위기를 빠르게 눈치챌 수 있는데 '느낌'이라는 것은 이목구비나 얼굴의 구체적인 생김이 아니라 고양이 같은/강아지 같은/차가운 인상 등의 특정 이미지를 의미하기 때문에 상대가 우월한 외모를 가진 연예인 이름을 얘기한다고 해도 주눅들 필요는 없다.

다가가서 인사하는 그 짧은 순간에도 활짝 웃으며 반기는 표정에서 강아지 같은 느낌을 낼 수 있듯이, 이미지는 눈빛과 행동 그리고 표정을 컨트롤하는 것만으로도 충분히 전달할 수 있고 이것이 확장되는 순간 사람의 분위기를 만든다.

표정이 당신의 첫인상을 좌우한다

'나 정도면 괜찮은 거 아닌가?'

약속하게도 거울에 비친 자신의 모습이 꽤 괜찮아 보이는 순간은 늘 잠들기 전이거나 누구와도 만날 약속이 없는 날인지…. 정작 중요한 소개팅 당일이나 관심 있는 사람과 만나는 날에는 외모의 비수기가 갑작스럽게 시작되는데 말이다.

이렇게 중요한 날이면 늘 컨디션 난조를 겪거나 평소 외모에 콤플렉스가 많은 이들은 좋아하는 사람 앞에서 심리적으로 더 위축될 수밖에 없다. 하지만 이제부터 자신의 외모로 인해 작아지는 기분을 느끼게 된다면 사람의 인상은 외모가 아니라 표정으로 평가된다는 사실을 의식적으로 떠올려 보자.

후천적으로 외모를 우월하게 변화시키는 것은 의학과 운동의 영역이지만 첫인상은 표정 하나로도 나아질 수 있다. 우리도 누군가의 얼굴을 떠올릴 때 그 사람의 이목구비를 생각하는 것이 아니라 느낌과 인상을 기억해 내지 않는가. 그러므로 외모에 자신이 없는 사람일수록 웃어야 한다. 얼굴에 표정 변화가 없으면 사람은 상대방의 이목구비를 더 객관적이고 뚜렷하게 인식하지만 웃으면서 접히는 눈매와 올라가는 입꼬리에서는 생김보다 느낌을 먼저 인지하게 되니까. 이것이 바로 신경 쓰이는 외적 콤플렉스를 커버하는 방법이다.

긴장을 읽히지 말라

첫인상에서 드러나는 자신감은 눈에 보이는 매력 외에도 뭔가를 더 가진 사람으로 보이게 만들며 그것은 곧 상대의 궁금증을 자극하게 만든다. 이런 내적 자신감을 키우는 데는 꽤 많은 노력과 시간이 필요한데 당장 누군가를 만나야 한다면 신체언어 몇 가지를 이용하여 '뭔가 있어 보이는 사람', '자신감 있는 사람'이라는 인상을 남기는 것이 좋다.

어깨를 안쪽으로 모아 팔로 자신의 몸을 감싸며 공간을 적게 차지하는 자세는 데이트뿐만 아니라 면접을 볼 때도 앞에 있는 사람에게 자신의 낮은 자신감과 높은 긴장을 여과 없이 드러내는 행동이다. 이러한 폐쇄형 보디랭귀지 대신 등을 펴고 팔걸이만큼 팔을 벌린 오픈형 보디랭귀지를 사용하는 것만으로도 현재의 만남을 주도하고 있다는 느낌과 자신감 있는 상태를 비언어적인 태도로 전달할 수 있다는 것을 잊지 않길 바란다.

친밀감을 만드는 기술, 티징

가끔 다섯 살짜리 조카를 돌보다 보면 그 또래 아이들이 자신이 좋아하는 친구에게 짓궂은 장난을 치며 관심을 유발하는 티징(Teasing)을 하는 것을 보게 될 때가 있다.

이러한 티징은 한순간에 타인의 경계심을 허물며, 친밀감을 빠르게 만들어 낼 수 있다. 하지만 사회성이 제대로 형성되지 않은 미취학 아동들을 포함하여 타인의 기분을 제대로 살피지 못하는 사람들은 적절한 수위를 조절하지 못해 상대의 불쾌감을 유발하는 실수를 하고 만다. 이렇듯 의도와 다른 결과가 일어나는 참사를 막기 위해 실패 없는 티징을 준비했다.

시선을 이용한 티징

예시①

남: 저번에 인터넷으로 주문한 거 어제 도착했잖아. 바로 입고 나왔지.

여: (자랑하는 상대를 의아한 눈빛으로 훑어보기)

남: 아, 왜? 별로야? 별로냐고?

예시②

여: 네 시간이나 미용실에 있었어. 파마 한 번 하기 힘들다.

남: 이걸? 네 시간 동안? 왜? (정말 모르겠다는 눈빛과 표정)

여: 뭐야? 그 눈빛 뭐야? 안 치워?

이렇게 눈빛만으로도 가능하다. 티징은 장난을 통해 친밀감을 높이려는 목적으로 시도하는 것이기 때문에 상대가 장난이나 유머로 받을 수 있는 선을 지키는 것이 가장 중요하다. 만약 상대가 당신에게 잘 보이려고 애쓰고 있거나 자존감이 굉장히 낮다고 생각되는 경우 또는 미용실에서 머리가 망해서 상실감을 느끼고 있는 사람에게는 이러한 티징이 적절하지 않으니 조심하자.

상대의 습관을 이용한 티징

누구에게나 사소한 언어 습관이나, 반복되는 행동 습관이 있기 마련이다. 그래서 상대의 습관을 그대로 따라 하며 장난을 치는 비언어적인 티징이 가능하고, 동시에 상대의 습관적인 행동을 기억하고 있다는 호의적인 느낌을 전달할 수도 있다. 예를 들어 양손으로 입을 가리며 웃는 습관이 있는 사람과 대화할 때

여: 오늘 겨울옷에서 만 원 찾았잖아.

남: (상대의 말에 손으로 입 가리고 웃음)

여: 뭐야? 그게? 너 왜 그렇게 웃어?

남: 왜? 너 웃을 때마다 이렇게 웃잖아. 몰랐어?

칭찬을 이용한 티징

칭찬이 과하면 반어법이 되기 쉬운데 칭찬 티징은 그러한 점을 이용한 것이다. 상대방의 관심 여부가 명확하지 않은 상태에서 진심을 듬뿍 담은 칭찬은 상대를 부담스럽게 만들지만 칭찬티징을 이용하면 친밀감을 쉽게 만들 수 있다.

예시①

여: 오늘도 운동 조지러 가야지!

남: 와! 어떻게 운동을 매일 할 수 있지?

여: 난 운동 쉬면 몸이 더 뻐근해

남: 아이고, 태릉에 계셔야 할 분을 이렇게 대구에서 뵙습니다.

예시②

남: 어? 너 머리 달라진 것 같은데?

여: 저번 주말에 미용실 갔다 옴.

남: 오, 이런 머리, 인스타에서 많이 봤어. 1980년대 미스코리아가 이 머리 하고 있던데. 이걸 네가 또 기가 막히게 소화하네?

이러한 방법으로 가까워질 때 주의해야 할 점은 티징은 내가 가진 호감을 진지하게 표현하는 방식이 아니라 거부감 없이 상대와의 친밀감을 만들어내는 데에 사용하는 방법이기 때문에 과하면 그저 '재미있는 사람'으로만 남을 수 있다는 것이다. 그래서 가까워진 후에 상대의 호감이 어느 정도 파악되거나 단둘의 데이트가 성사된 다음에는 반드시 빈도를 줄이고 이성으로서의 어필해야 한다는 것을 기억하길 바란다.

알파와 베타를 끌어당기는 쩜오진

어떤 그룹이든 그곳에는 주도권이나 실세를 쥔 사람이 있다. 굳이 말하지 않아도 학창 시절 10대의 알파가 속히 일진이라 불리는 이들이라는 것을 모두 알고 있지 않은가.

10대는 싸움이나 돈을 잘 뺏는 재주와 불량함으로 높은 위치를 가지게 되기 때문에 학교 일진들은 수많은 피해자를 만든다. 하지만 불행 중 다행으로 이들의 높은 위치는 그리 오래가지 않는다.

좋은 대학교와 높은 사회성 등이 인정받는 20대에 접어들게 되면 그들은 유지해오던 위치를 잃게 된다. 그 순간, 과거에 소홀했던 학업과 철없던 자신의 모습에 대한 후회를 하게 되면서 결핍이 만들어지게 되는데 이것을 충족시키기 위해 자신이 가지지 못한 모습을 가진 사람에게 끌리게 되고 그들을 곁에 두려고 한다. 그래서 10대를 알파로 보낸 이들이 20대 즈음부터 자신과 정반대의 바른 이미지를 가진 사람을 선호하는 것을 흔히 보게 되는 것이다.

반대로 10대를 모범적으로 보낸 사람은 어떨까? 남녀노소 불문하고 사람은 누구나 힘과 권력을 갖길 원하고 힘을 가진 알파를 동경한다. 특히 오롯이 공부만 했던 모범적인 학생이나, 10대의 알파들에게 괴롭힘을 당하며 암울한 학창 시절을 보낸 사람이라면 더 그렇다. 일탈을 일삼는 그들의 행동과 남을 괴롭히는 이기적인 모습을 보며 혀를 내두르긴 하겠지만 마음 한편에는 그런 행동들을 가능하게 하는 그들의 권력을 동경하게 된다. 이 동경심이 모범생들의 결핍을 만들어내는 것이다. 그래서 이들은 자신의 결핍을 충족시켜줄 수 있는 자극적인 사람에게 쉽게 끌림을 느낀다.

이 두 타입 모두에게 끌림을 줄 수 있는 가장 매력적인 캐릭터는, 10대의 알파에 속하는 무리는 아니었으나 유사한 그룹에 있었고, 그렇다고 공부에 손을 완전히 놓은 것은 아닌 미들그룹에 속한 사람, 바로 '쩜오진(1.5진)'[2]이다. 학창 시절을 되짚어보면 학업에 손을 놓치는 않았지만 그렇다고 공부에 아주 열성적이지도 않았고, 10대 알파에 속하지는 못했지만 그보다 아래의 무리에 있었던 사람들을 본 적이 있을 것이다. 이도 저도 아닌 애매한 그들은 20대부터 연애가 술술 풀리기 시작한다.

왜 애매한 쩜오진이 매력적일까? 그들은 10대 알파들에 비해 모범적인 이미지를 가지고 있으며, 모범생들의 기준에서는 충분히 자극적인 분위기를 가지고 있다. 또한 그들은 10대 시절 알파들이 겪은 해방감과 일

2 일진(一陣)과 이진(二陣) 사이, 곧 1.5진을 이르는 말로, 주류와 비주류의 중간에 끼인 부류를 일컫는 표현으로 쓰임.

탈을 알고 있고, 그 외의 사람들이 느꼈던 동경과 경험을 유사하게 겪어 본 탓에 어느 쪽을 만나든 공감대와 친밀감을 빠르게 만들 수 있게 된다. 이런 학창 시절을 보낸 게 아니라도 걱정할 필요는 없다. 그들이 가진 장점을 제대로 드러내기만 한다면 무리 없이 상대의 결핍을 충족시킬 수 있기 때문이다.

그러니 현재 좋아하는 사람의 결핍에 대해 파악할 수 없다면 그들의 학창 시절을 놓치지 말아야 한다. 초등학교, 중학교, 고등학교에 다니면서 생기는 무려 12년간의 결핍은 그들의 20대, 길면 30대까지 '끌리는 사람'을 결정짓게 되니까.

절대 헤어나올 수 없는 사람이 되는 법

소개팅에 나와서 주변에 남자가 많다고 은근히 자랑하면서 경쟁심을 부추기는 여자나, 인스타에 외제 차와 비싼 시계 사진으로 도배를 해놓는 남자만큼 유치해 보이는 사람도 없다. 이러한 원색적인 자기 자랑에 질린 사람들은 '자기 자랑 = 허세 = 비호감'이라는 나름의 깨침을 얻게 되는데 이것은 잘못된 생각이다.

오래 알고 지내다가 연인으로 발전한 사이를 제외하고는 대개 3~5회 차 만남 후에 연애로 발전하게 된다. 그 짧은 만남에서 자신을 제대로 어필하지 않으면 어떻게 상대가 당신의 장점과 매력을 알아차릴 수 있겠는가?

그래서 짧은 시간에 자신의 장점을 드러내고 얼마나 괜찮은 사람인지를 상대에게 보여주는 행동, 즉 자기 자랑이 필요하다. 이러한 자기 자랑은 낯선 사람과 처음 대면할 때부터 썸을 탈 때 하는 것이 가장 적절하다.

그렇다면 어떻게 해야 허세처럼 보이지 않고 자연스럽게 자신을 드러낼 수 있을까?

취향과 취미의 오픈

자신의 입맛과 취향, 흥미를 위해 에너지를 들일 수 있다는 것은 시간적으로나 경제적인 소비를 하는 데 크게 어려움이 없다는 것을 의미한다. 그래서 취향과 취미를 제대로 드러내는 것만으로도 상대에게 시간적, 경제적 여유를 보일 수 있게 된다.

이것은 단순히 명품을 보이고 어려운 말로 지적 수준을 드러내는 것보다는 간접적이지만 절대 허세로 보이지 않기 때문에 훨씬 더 긍정적인 평가를 불러온다.

예시①

여: 퇴근하고 보통 뭐해요?

남: 요즘은 다이빙을 배우고 있어서 가끔 풀장에 가요.

여: 다이빙요? 스킨스쿠버 같은 거예요?

남: 네, 맞아요. 예전부터 배워보고 싶었거든요.

예시②

남: 얼마 전에 모임이 있어서 이 근처에 밥 먹으러 왔었는데….

여: 이 근처에 괜찮은 밥집이 있나 봐요?

남: 저도 몰랐는데 참치 오마카세[3] 맛집이 있더라고요. 참치 좋아해요?

여: 정말요? 저도 참치는 좋아하는 편인데, 오마카세는 한 번도 못 먹어봤어요. 맛있던가요?

남: 저는 그동안 다른 곳에 다녔는데 여기가 훨씬 맛있었어요. 모임 아니었으면 계속 모를 뻔했잖아요. 저는 맛집 찾아다니는 걸 좋아하거든요. 먹는 거 좋아해요?

여: 저도 좋아하는 편이에요.

남: 잘됐다! 우리 맛있는 데 찾아다니면 되겠다. 맨입으로 알려달라고는 안 할게요.

이 대화를 통해 상대는 둘이 만나게 된다면 다양한 것들을 듣고 경험해 볼 수 있을 거라는 기대를 하게 되고, 스스로의 만족을 위한 소비 형태에서 능력과 여유를 간접적으로 파악하게 된다.

사람은 낯선 사람이 원색적으로 전달하는 정보를 100% 신뢰하지 않으나, 타인의 말이나 행동으로부터 전달되는 정보를 토대로 자신이 판단한 것은 높게 신뢰하게 된다는 심리를 이용한 것이다. 가진 것들에 대하여 직접적으로 이야기하는 것보다 자신의 장점을 상대가 판단하게 만드는 것이 실패 없는 자기 자랑의 핵심이다.

3 주방장이 만드는 특선 일본 요리. 대부분 주방장이 엄선한 제철 식재료로 만든 요리를 코스로 손님에게 낸다. (출처: 국립국어원 우리말샘)

경험이 장점이 된다

요즘에는 국내외 가릴 것 없이 여행을 즐기는 사람이 많아진 탓에 대화를 하다 보면 여행에 관한 주제가 심심치 않게 등장한다. 이런 대화를 할 때가 바로 자신의 시간적인 여유로움과 사회성, 외향적인 성격까지 드러낼 수 있는 최적의 타이밍이다.

예시①

여: 출장 자주 다니나 봐요?

남: 일이 전국에 있다 보니 전국 곳곳으로 출장 가는 편이에요.

여: 세상에! 좋겠다. 월급 받으면서 여행 다니는 기분이겠어요.

남: 처음엔 되게 귀찮았는데 워낙에 사람들과 어울리는 걸 좋아하다 보니 친구가 전국에 다 있는 기분이에요. 여행 좋아해요?

→ 낯선 사람들과 잘 어울리는 사회성 드러내기

예시②

남: 여행 좋아하세요?

여: 저는 가끔 쉬러 제주도에 갔다 오는 정도예요. OO씨는요?

남: 오 제주도 좋다. 저는 친척이 홍콩에 살아서 가끔 가는 편이에요. 그러다 보니까 현지 사람들이랑도 친해지는 바람에. ㅋㅋ

→ 사회성과 시간적, 경제적 여유로움 드러내기

여행에 관한 주제가 나오면 어디를 가봤는지, 무엇이 좋았는지, 어떨게 다녔는지 묻고 답하는 게 자연스러운 패턴이다. 그때 낯선 사람들과 겪은 에피소드, 주기적으로 휴식을 즐기고 있다는 이야기를 하게 된다면 상대는 그 정보를 토대로 말한 사람의 사회성과 여유로운 마인드를 추측하게 된다. 이것이 바로 허세는 없고 신뢰도는 높은 자기 자랑인 것이다.

뇌가 섹시한 사람

자신이 즐기는 분야에 대해서는 전문가 수준은 아니더라도 남들보다 더 많은 정보를 알고 있는 것이 당연한 일! 만약 자신이 즐기고 있는 분야에 관해 상대가 조금이라도 관심이 있다면 그간 수집한 지식이 빛을 발하는 순간이 찾아온다. 가령 다이어트에 관심이 많은 사람이 자기 관리를 철저히 하는 사람을 만난 경우나 술을 즐기는 사람이 술을 잘 아는 사람을 만나는 경우 등이 여기에 해당된다.

여: ○○씨는 술 자주 드시는 편인가 봐요?

남: 자주 마시는 건 아닌데 먹을 때는 즐기면서 마시는 편이긴 해요.

여: 주량이 얼마나 돼요?

남: 소주는 안 마신 지 오래돼서 모르겠는데 와인이나 샴페인은 한 병 정도? 메리 씨는 주량이?

여: 저는 반병 정도? 와인 좋아하나 보다.

남: 우연히 마시게 됐는데 잘 맞더라고요. 그러다 보니까 더 알고 싶어지기도 했고요. 예전엔 스파클링 와인이랑 샴페인이 같은 말인 줄 알 정도로 술을 잘 몰랐거든요.

여: 제가 술을 잘 몰라서요. 뭐가 달라요?

남: 샴페인은 프랑스 샹파뉴에서 나는 것만 샴페인이라고 부른다고 하더라고요. 저도 와인 배우면서 알았어요. 술 싫어하는 거 아니면 다음에 같이 마시러 가 봐요.

술을 좀 배웠다고 하는 사람들은 하나같이 입을 맞춘 듯 위와 같은 샴페인의 유래를 들려준 적이 있다. 오죽하면 외우기까지 했을까. 이 책을 읽는 당신도 언젠가 '술 좀 배운 사람' 티를 내고 싶을 때, 이 정보를 유용하게 활용할 수 있을 것이다.

어쨌든 이처럼 특별히 술에 거부감이 없는 사람에게 술과 관련된 디테일한 얘기를 하면 그저 취하려고 술을 마시는 사람보다는 술이란 문화와 맛을 즐기는 사람으로 보일 수 있다.

꼭 술이 아니더라도 지적인 부분을 오픈하는 데 효과적인 카테고리는 예술, 문화, 교양의 영역인데 이것만큼 사람의 예술적 허영심을 충족시켜줄 만한 것이 없다.

미래의 내 모습은 현재의 자랑이 된다

지금까지는 시간적이든 경제적이든 최소한의 여유가 확보되었을 때 할 수 있는 자기어필에 대해 이야기했는데 아쉽게도 미래를 준비하느라 아직 여유가 부족한 사람이나 학생에게는 그리 실용적이지 못할 수 있다. 여기에 해당하는 사람들은 현재 자신의 상황이 어떻든 미래에 대한 가능성을 제시함으로써 상대에게 매력적으로 다가가는 방법을 알아두는 것이 필요하다.

- "2, 3년 안에 카페를 오픈할 생각인데 요즘엔 마케팅이 중요하다 보니까 고민할 게 많네요."
- "잡다한 일이 많아서 바쁘긴 한데 회사 차릴 때 이 정도는 알아야 시작할 수 있으니까 경험 쌓는다고 생각해야죠."

상속을 받을 재산이 없는 사람이 상속세에 대해 걱정할 이유가 없듯, 고민은 현재 또는 가까운 미래를 간접적으로 알리는 역할을 하기도 한다. 지금은 비록 카페에서 파트타임으로 일하고 있어도 카페 창업을 진지하게 고민하는 것을 보임으로써 미래의 오너가 될 자신의 가능성을 상대에게 오픈할 수 있고 현재는 소규모 회사에서 인턴을 하고 있어도 미래의 창업자 또는 더 큰 회사로 이직하기 위해 노력하고 있음을 전달할 수 있다.

현재의 직업이나 상황이 좋아하는 사람에게 다가가지 못할 이유가 되게 하지 말자. 지금보다 나은 내일을 준비하고 있는 사람이라면 미래에 대한 고민을 얘기하는 것으로 훨씬 매력적인 사람이 될 수 있다.

평범해도 주목받는 외모의 비밀

특출난 외모가 아니라도 은근히 타인의 시선을 빼앗는 사람이 있다. 평범한 외모를 가졌는데도 사람들의 이목을 끄는 이유는 대체 뭘까?

얼굴에도 반전 매력이 있다

"저 사람 순하게 생겼는데?"

"저 사람은 좀 못되게 생겼다."

타인은 낯선 사람을 볼 때 시각적인 정보로 1차 평가를 한다. 이것은 자신의 안전을 확보하려는 오래된 인간의 습성인데 여기서 부차적으로 타인의 매력을 인지하게 되는 것이다. 하지만 한눈에 어떤 인상인지 알아차리기 어려운 사람을 만나면 어떻게 될까? 이를테면 순하게 생긴 것 같은데 눈매가 매서워 보이거나 차갑게 생겼는데 순한 눈매를 가진 사람을 만났을 때 말이다.

이렇게 생김에서 일관성이 깨지게 되면 사람들은 상대를 빠르게 판단할 수 없기 때문에 더 오래 주시하게 된다. 타고난 얼굴의 반전이 시선과 호기심을 끌게 만드는 것이다. 하지만 이러한 외모적 특징을 타고나지 못했다고 해도 충분히 반전을 만들 수 있다.

1차적으로 타인을 판단할 때 동원하는 시각적인 정보는 단순히 눈, 코, 입, 얼굴형뿐만 아니라 비언어적인 태도와 표정까지 포함된다. 그래서 무표정일 때는 차가운 인상이지만, 웃을 때 드러나는 순진한 표정으로도 외적인 반전 매력은 충분히 만들 수 있게 되는 것이다.

스타일로 시선을 잡는 방법

대칭과 균형은 조화로움과 안정감을 유발해서 사람들은 완벽하게 깔맞춤 한 보도블록이나 무늬가 정확하게 맞물리는 타일을 보면 괜히 마음이 편안해지는 기분을 느끼게 된다. 반대로 비대칭은 보는 이로 하여금 불안정함을 유발하여 시선을 사로잡고 집중하게 만든다. 이 이유로 보는 이의 이목을 끌어야 하는 화보 속의 모델들이 주로 좌우가 비대칭인 자세를 취하는 것이다. 그러니 다수가 모인 자리나 관심 있는 사람 앞에서는 바른 자세를 유지하는 것보다는 한쪽으로 턱을 괸다던가 무게 중심이 한쪽으로 치우쳐서 서 있는 자세로 자연스럽게 눈에 띄는 것이 좋다.

헤어스타일도 마찬가지로 남자는 포마드, 여자는 앞가르마보다 옆 가르마로 동양인의 동그란 얼굴 특성을 커버하면서 비대칭으로 시선을 끌 수 있다. 특히나 여자는 여름철에 양쪽이 비례하게 노출되는 오프숄더룩

[4]보다는 원숄더[5]를 선택하는 편이 훨씬 더 이목을 많이 끌 수 있다는 점을 참고하자.

한 놈만 팬다

얼굴은 타고나는 거라지만 몸매는 노력하기 나름이라는 사실을 모르는 사람은 없다. 그러니 굳이 이 책에서까지 잔소리를 할 필요가 있을까? 하지만 처한 상황이나 여건에 따라 전반전인 관리가 어렵다면 연애에 특화된 방향으로 보다 효율적인 접근이 필요하다.

진화심리학을 접하지 못 한 사람도 남자는 임신에 유리한 여자를 본능적으로 알아보고 선호하며, 여자는 자신과 자녀를 지켜줄 수 있는 강한 유전자를 가진 남성을 선호한다는 이야기를 어디선가 들어보았을 것이다. 이러한 영향은 시대가 바뀐 현대에도 연애 대상을 선택할 때 여전히 유효하게 적용되는데 이런 진화적 선호도가 가장 잘 드러나는 포인트가 바로 남자의 키와 어깨, 여자의 몸매 라인이다.

많은 여자가 남자는 여자의 날씬한 몸을 선호한다고 생각하지만 사실 남자는 여자의 가슴부터 힙까지 이어진 굴곡진 곡선에 더 열광하고 여자는 남자의 울퉁불퉁한 근육질보다는 넓은 어깨에서 더욱 섹시함을 느낀다. 그래서 사랑에 실패한 후에 빠르게 더 매력적인 사람이 되고 싶어서, 더 괜찮은 이성을 만나고 싶어서 운동하는 사람이라면 이 부분을 중점적

4 노출될 정도로 양옆으로 목둘레선을 넓게 판 옷차림. (출처: 국립국어원 우리말샘)

5 한쪽 어깨에서 대각선으로 파 내려가 반대쪽 어깨가 드러나도록 디자인한 어깨선. (출처: 국립국어원 우리말샘)

으로 노력할 때 가장 만족스러운 반응을 얻을 수 있다.

하지만 당장 며칠 뒤에 소개팅이 잡혀 있고, 이미 마음에 드는 사람이 생겨서 그런 후천적 노력을 들일 여유가 없는 사람에게는 약간의 꼼수를 제안한다. 바로 보정 아이템. 힙을 조금 더 부각하여 라인을 살려주는 엉뽕[6]과 어깨가 넓게 보이게 해주는 어깨패드 또는 어깨가 넓어 보이도록 디자인된 맨투맨을 쇼핑할 수 있는 세상에 살고 있으니 십분 활용해보자.

6 엉덩이 볼륨 패드. 엉덩이 볼륨을 키우기 위해 옷 안에 넣는 패드를 속되게 이르는 말.

호기심을 자극하는 남자

원하는 사람에게 다가갈 때 상대에게 전달해야 하는 것은 느낌표나 마침표가 아닌 물음표여야 한다. 그래야 호기심에 시선과 관심이 집중되니까. 사람의 마음을 움직이는 것은 투자심리와 비슷해서 궁금증을 해소하기 위해 에너지를 들이는 순간, 자신이 한 투자에 대한 보상을 '특별한 관계'로 돌려받길 기대하게 된다. 그래서 처음 본 사람에게도 궁금증을 자아낼 수 있는 자기 제시가 중요하다.

이렇게 궁금증을 자극하는 데 효과적인 것이 바로 반전 매력인데 취향과 취미를 이용하여 알수록 더 알고 싶어지는 남자가 되는 방법을 공개하겠다.

로맨스는 로맨틱해야 한다

일에 몰두하는 사람은 매력적이지만 이것이 지나친 사람은 연애가 막히게 된다. 바쁘다는 이유로 자신을 외롭게 만들 것 같은 남자와 연애를 시작하고 싶은 여자는 없을 테니까. 그래서 회사의 업무가 지나치게 많은 사람 또는 워커 홀릭은 누군가를 만나더라도 연애로 쉽게 이어지지 못하고 썸에서 끝나는 경우가 많다. 만약 자신이 이런 문제를 겪고 있다면 여행을 이용하여 상대의 인식을 바꿔줄 필요가 있다.

남: 여행 좋아해요?

여: 저는 좋아하는 편이에요. OO씨는요?

남: 저도 여행 좋아해서 바빠도 한두 달에 한 번씩은 가까운 데로 갔다 오는 편이에요. 최근에 다녀온 데 있어요?

→ 현재는 바쁜 모습이 전부가 아니라, 쉴 땐 제대로 쉴 수 있는 사람임을 드러낼 수 있는 취미.

여행이 꼭 거창하고 대단할 필요는 없다. 어디든 자신의 영역을 벗어난 곳이라면 여행이라는 이름을 붙일 수 있고 정말 즐기는 느낌을 주기 위해서는

"여행 좋아하긴 하는데 지금은 같이 갈 사람이 없으니까"

"누구 만날 때는 그래도 자주 갔었는데"

이런 말 보다는 여자 친구나 동행이 없이도 혼자 즐길 수 있다는 것을 드러내는 것이 중요하다. 더욱이 저런 이야기를 당신에게 듣게 되면 상대는 자연스럽게 함께 떠나는 여행을 상상하게 되니 지금 바로 써먹어 보자.

남자에게 수컷의 매력을

활동적이고 외향적인 성격을 드러내고 싶은 사람을 포함하여 살이 찌지 않는 체질로 왜소한 체형이나 작은 키로 스트레스를 받고 있는 사람이라면 취미로 공격적인 운동을 하는 것을 추천한다. 미리 말하지만 다양한 운동 중에서 헬스는 3명 중 1명이 할 정도로 워낙에 대중적인 종목이 되었기 때문에 여자들에게 인상적인 취미가 되기에는 다소 약한 감이 있어 기왕이면 그 외의 것들을 선택하는 것이 좋다.

한참 기타를 배우던 때에, 어려 보이는 얼굴과 가녀린 체형으로 나의 보호 본능을 자극하던 남자 선생님이 계셨는데 그분의 취미가 권투라는 것을 알게 되는 순간 가녀린 남자의 프레임이 완벽하게 깨지는 것을 느낀 적이 있었다.

간혹 취미는 사람의 성격과 취향을 가늠하는 역할을 하기 때문에 잘 이용하면 자신이 전달하고자 하는 이미지를 상대에게 효과적으로 드러낼 수 있다.

장거리 연애의 편견을 깨는 취미

소개팅에서 낯선 사람과 가까워질 때 생활 동선이 겹친다든가 근무지나 집이 가까우면 공감대가 빠르게 형성되고 비교적 다음의 만남이 이루어질 가능성이 높아지지만, 반대로 소개팅에서 거리가 먼 사람을 소개받았을 때는 다음 만남이 좀처럼 이뤄지지 않는 경우가 많다. 서로가 괜찮은 연애 대상인지를 알아가기도 전에 데이트를 할 때마다 느낄 피로감을 미리 예상하게 되기 때문인데 이것은 누가 오가든 상관없이 둘 다 똑같이 느끼게 된다.

한쪽에서 먼 길을 오간다 하더라도 그러한 배려를 받은 쪽은 데이트 비용이 됐든, 낮부터 저녁까지의 긴 시간을 내놓든 마땅한 보상을 해줘야 한다는 부담을 느끼게 된다. 이러한 심리적 부담은 서로를 알아갈 수 있는 기회를 방해하므로 마음에 드는 상대가 멀리 산다는 것을 알았다면 드라이브라는 취미를 통해 상대의 마음을 가볍게 만들어 주는 것이 우선이다.

남: 서울에 사신다고 들었는데 어디쯤이세요?

여: 저는 홍대 쪽에 살아요. ○○ 씨는 일산이라고 들었는데 맞죠?

남: 네, 맞아요. 근데 저도 동네보단 서울에서 더 자주 놀아요. 친구들도 거기 다 서울에 살기도 하고 운전하는 것도 좋아하다 보니 제가 자주 가게 되더라고요.

이렇게 아는 사람이나 친구가 있어서 상대의 거주 지역으로 자주 간다든가, 드라이브를 즐긴다는 것을 전달하게 되면 거리는 더 이상 문제가 되지 않는다. 이것은 단순히 물리적 거리로 상대가 꺼려하게 되는 일을 방지하기 위함일 뿐이니 이런 말을 했다고 해서 혼자 애를 써야 한다는 책임감과 의무감을 느낄 필요는 없다. 어차피 둘 사이에 감정이 생기게 되면 서로 오고 가게 되니까.

의외의 다정함을 만드는 취미

남자들이 자신과 다른 여성성에 끌리고, 여자들 또한 남성성에 끌리는 것이 본능이라지만 과연 그것이 지나칠 때에도 매력적일까?

만약 감수성이 풍부해서 감정의 기복이 심하고 매사에 연약한 이미지만 내세우는 여자를 만난다면 어떻겠는가. 처음에는 그런 모습에서 보호 본능을 느끼겠지만 얼마 가지 않아 그녀의 변덕과 의존적인 모습에 있던 호감도 금방 식어버리게 될 것이다. 반대의 경우도 마찬가지로 남성성이 강조되는 행동, 성격이 처음에는 매력적일 수 있으나 그것이 과하게 된다면 지속적인 호감을 얻어내기 어렵게 된다. 성격이나 외모로 남성적인 이미지가 강한 편에 속해서 이러한 문제를 겪고 있다면 취미로 요리를 즐긴다는 것을 드러내는 게 좋다.

요리는 가정적인 모습을 연상케 하면서 다정한 매력을 자연스레 드러낼 수 있는 취미가 되는데 특히 뚜렷한 이목구비에 강한 인상을 지닌 남자, 특히 군인이나 공무원처럼 다소 보수적인 느낌의 직업을 가진 남자가 요리를 좋아한다고 했을 때는 보여 지는 모습과 반대되는 취미에서 강한 반전 매력으로 작용하게 된다.

요리라고 해서 거창하게 생각할 필요는 없다. 우리는 이미 밀키트 하나로 요섹남이 될 수 있는 시대를 살고 있으니까.

알면 알수록 빠져드는 여자

아무리 자극적인 맛의 음식도 며칠간 계속 먹다 보면 물리듯이 사람도 하나의 매력이 뚜렷하게 드러나면 강렬한 첫인상을 남길 수 있으나, 금방 질릴 위험이 있다. 최소 연애 초반까지는 상대에게 '더 알고 싶은 사람'으로 남을 수 있어야 안정적인 연애로 진입할 수 있는 법. 그래서 예측 불가한 모습을 드러내는 것으로 꾸준히 끌림을 줄 수 있어야 한다.

사람이 끌림을 느끼는 예측 불가한 모습은 다양하게 존재하지만 여기서는 여자가 남자를 유혹할 때 가장 효과적인 것만을 다루고자 한다. 현재 남자들이 자신의 어떤 모습에 매력을 느끼는지 모르고 있거나, 누군가를 만날 때마다 상대가 질려할까 봐 걱정을 해본 적이 있다면 이 부분을 꼭 짚고 넘어가도록 하자.

머릿속을 지배하는 관능적 매력

열등감이 높은 남자들이 가장 흔히 하는 착각은 '능력이 좋으면 여자는 알아서 붙는다'라는 것이고 마찬가지로 열등감이 높은 여자들이 가장 많이 하는 착각은 '내가 더 예뻤으면 저 남자는 떠나지 않았다'는 생각이다. 그래서 그토록 많은 여자들이 이별 후에 성형외과를 찾고, 다이어트를 한다고 헬스장을 일 년씩 등록하는 것을 반복하는 게 아니겠는가.

이때 가장 많이 선택하는 것이 헬스인데 헬스는 매력 어필이 다소 약한 종목이 됐다고 이미 말한 적 있었다.(호기심을 자극하는 남자 P.76) 하지만 취미로 헬스 대신 폴 댄스[7]를 얘기하는 여자는 어떨까? 직접적으로 몸매를 드러내는 옷을 입고 나타난 것도 아니고, 스킨십으로 끼를 부리지 않았음에도 섹시한 여자의 이미지를 주게 된다. 꼭 폴댄스일 필요는 없다. 종목에 관계없이 '춤'에서 연상되는 부드러운 곡선, 매혹적인 몸짓이 여성스러움이나 섹시함을 느끼게 하고 그것이 상대의 호기심을 자극하게 될 테니 말이다.

섹슈얼한 취미는 남녀 불문하고 굉장히 매력적이지만 이것이 독이 되는 사람들도 존재한다. 바로 섹시한 분위기를 가진 여자, 진한 화장이나 노출이 있는 패션을 선호하는 여자, 호감이 있을 때 자신의 감정을 거침없이 드러내는 여자들이다. 여기에 해당하는 이들은 섹슈얼한 느낌을 주는 취미를 갖는 순간 자신의 이미지에 강한 일관성을 갖추게 되어 가볍게 접근하는 남자들이 늘어날 수 있다. 그러니 이러한 태도로 접근하는

7 봉춤. 고정된 봉(pole)에 매달리거나 봉을 잡고 추는 춤

남자들로 고민을 해본 적이 있다면 부드럽고 단아한 인상을 주는 한국무용이나 발레 또는 정적인 운동인 필라테스, 요가로 다양한 이미지를 만드는 것이 좋다.

판타지를 자극할 수 있는 여자

친구처럼 편한 연애든, 영화처럼 뜨거운 사랑이든, 소소한 즐거움을 함께 누리는 따뜻한 애정이든 누구에게나 자신이 꿈꾸는 연애는 존재하기 마련이다. 그러니 자신이 그 바람을 실현시켜줄 수 있음을 드러내면 자동으로 상대의 연애 욕구를 불러일으킬 수 있게 된다.

필요에 의한 비즈니스 관계와 달리 연애는 정서적인 관계라서 대부분의 사람들은 이성적인 연애에 대한 바람보다 감성적인 연애에 대한 바람이 더 클 수밖에 없다. 그래서 연애에 있어서 감성을 자극하는 취미가 더 빛나게 되는데 이때 가장 무난한 것이 악기다. 학창 시절, 교내 밴드를 하는 친구들과 교회 성가대 활동을 하는 친구들이 괜히 인기가 많았겠는가.

이 취미를 더욱 매력적으로 보이게 만들기 위해서는 단순히 '할 줄 안다'가 아니라 '너의 판타지를 이루어 줄 수 있는 사람'이라는 것을 대화를 통해 간접적으로 전달하는 것이 좋다.

남: ○○씨는 취미가 뭐예요?

여: 취미라고 할 건 없고 시간 날 때 기타 치는 정도? 좋아하는 사람이 생기면 쳐주고 싶어서 배웠는데 써먹어 볼 기회가 없었네요. ㅋㅋ

남: 오 대단하다, 나도 한번 들어보고 싶은데

이 말을 듣는 남자는 어디선가 본 로맨스 영화의 한 장면을 상상하게 될 것이다. 특히나 감성적인 사람을 유혹하려 한다면 자신이 이렇게 로맨스를 로맨틱하게 만들 수 있는 사람이라는 것을 상대에게 알리는 것이 좋다.

지적인 여자는 섹시하다

반전 매력이라는 것은 단순히 자신의 모습과 반대되는 모습을 보여주는 것이라 생각하기 쉬운데 사실 상대가 예측하지 못한 의외의 모습을 보여주는 것이란 말이 더 정확하다.

만약 당신이 상대방의 취향을 전혀 읽지 못한 상태라면 선부르게 자신과 무조건 반대되는 모습을 드러내는 것보다 상대가 예측하지 못했던 모습을 보이는 '의외성'을 노리는 것이 훨씬 낫다.

과거에 도통 연애로 발전하지 않고 썸에서 길게 머무르던 남자와 데이트를 하던 중, 중국인이 길을 물으며 다가왔던 적이 있었다. 오래전에 중국어를 배운 적이 있었던 터라 더듬거리는 중국어로 손짓 발짓을 동원하여 알려 줬는데 그 순간 상대의 눈빛이 묘하게 달라졌음을 느낄 수가 있었다. 아니나 다를까 그 일이 있은 후, 고백을 받아 내는 데는 하루밖에 걸리지 않았고 이후에도 나의 하찮은 중국어는 몇 번의 썸과 연애를 만드는 데 많은 도움이 됐다.

꼭 이런 상황이 아니더라도 기대하지 않았던 의외의 모습에 매력을 느끼고 사랑에 빠지는 일은 주변에서도 흔히 볼 수 있다. 다만 우연의 기회를 기다리는 것보다는 다양한 것들을 알고 있을수록 더 많은 기회를 만들어 낼 수 있기 때문에 분명 적당한 자기 계발은 연애에 있어서도 도움이 된다.

사회적인 스펙과 연애의 스펙이 함께 상승하는 대표적인 자기 계발이 외국어지만 도통 언어에 관심이 없는 사람이라면 재테크에 관련된 정보를 아는 것도 좋고, 문화와 예술에 관한 지식을 넓히는 것으로도 반전 매력은 충분히 만들 수 있다. 하지만 당연히 알고 있어야 할 본인의 업무에 관한 지식이나 상대가 전혀 관심을 가지지 않는 분야에 대해서 이야기하는 것은 의외성이 주는 반전 매력은 고사하고 지루함을 유발할 수 있으니 조심하기로 하자.

뭔가 있어 보이는 사람의 매력

딱히 눈에 띄는 외모도 아니고 그렇다고 대단히 잘난 부분도 찾을 수 없지만 이상하게 자꾸만 시선이 가고 겪어 보고 싶은 사람을 만날 때가 있다. 이러한 끌림을 주는 사람들에게는 '뭔가 있어 보이는 듯한 느낌'이 공통적으로 존재하는데 이 느낌을 상대에게 전달할 수 있다면 우리는 모두 '쟤는 되고 나는 안돼'의 쟤가 될 수 있다.

나는 내가 좋아하는 사람과 만나

'내가 좋아하는 사람과 만나는 것 vs. 나를 좋아해 주는 사람과 만나는 것'

이 중에서 어느 쪽이 더 능동적이고 주체적으로 보이느냐고 묻는다면 다들 전자를 택할 것이다. 자신이 좋아하는 사람을 만나는 연애를 선호한다는 사실만으로도 가능/불가능의 여부와 관계없이 높은 자신감이 상대에게 전달된다.

남: 메리 씨는 사귈 때 자기가 좋아하는 사람이랑 만나는 편이에요? 자기를 좋아해 주는 사람하고 만나는 편이에요?

여: 저는 저를 좋아해 주는 사람이 좋더라고요. ○○ 씨는요?

남: 저는 제가 좋아하는 사람을 만나야 마음이 가더라고요. 아무리 좋아해 줘도 내가 마음에 없으면 감정이 안 생겨서요.

번외로 '열 번 찍어 안 넘어가는 나무 없다.'라는 말을 들어본 적이 있을 텐데, 이때의 '나무'는 수동적인 연애를 지향하는 사람에게만 해당되는 부분이다. 따라서 고백을 거절한 상대나 짝사랑하는 사람이 열 번 찍어 넘어가는 유형인지를 알고 싶다며 위의 질문으로 상대의 연애 타입까지도 확인할 수 있다. 수동적인 연애를 지향하는 사람이라면 주로 자신을 사랑해 주는 사람과 만나왔을 테니 말이다.

'진짜'를 가진 사람

좋은 연애를 만드는 데 필요한 준비물은 탄탄한 자존감이다. 자존감이 낮다면 스스로를 저평가하게 되고 그런 보잘것없는 자신에게 어울릴 만한 사람으로 절대 좋은 사람을 고를 수 없기 때문이다. 좋은 관계란 절대 혼자만의 노력으로 완성되지 않아서 함께 노력해 줄 좋은 사람을 알아보는 안목이 중요한데 이 '사람을 보는 눈'을 높이기 위해서는 자존감부터 제대로 세워야 한다.

자존감은 스스로 이룬 것에 대한 성취감과 타인의 인정이 적절한 비율로 이루어졌을 때 비로소 완벽해지는데, 이 페이지에서는 성취감을 일상에서 만들어가는 법을 알려 주고자 한다.

자존감이 낮은 사람들은 대부분 스스로에게 높은 잣대를 들이밀며 보다 완벽한 사람이 되려는 경향이 강하다. 일상에서 자존감을 높이기 위해서는 이러한 태도를 버리고 작은 성취도 성공으로 여기는 관대함이 필요하다.

만약 토익 900점을 목표로 두고 있다면 이것을 성공으로 만들기까지는 적어도 한 달, 길게는 몇 개월이 걸리게 된다. 어쩌면 몇 개월 동안 노력하고도 실패하게 될지도 모를 일이다. 하지만 토익 900점을 받는 것을 최종 목표로 삼고, 매일 30분씩 문제집을 푸는 작은 목표를 세웠다면 어땠을까? 900점을 달성하지 못하는 나쁜 경우를 생각해 보더라도 며칠, 몇 주간 매일 문제집을 풀었던 작은 성공이 남아 있을 것이다. 이것을 스스로 인정해 주고 칭찬하는 것이 중요하다.

이처럼 큰 목표 사이에 작은 목표들을 세우면 최종 목적을 이루는 것과 상관없이 과정 속에서 작은 성공을 이루게 되고 그 성공을 들여다 봄으로써 자신의 모습을 스스로 높게 평가하게 된다.

매일 헬스장에 가는 것도 괜찮고, 누군가에게 친절을 베푸는 자신의 변화된 모습을 성공이라 여겨도 좋다. 작은 것들을 이룬 자신을 인정해 주다 보면 눈 깜짝할 사이에 자존감은 탄탄해져 있을 것이다.

03

상·대·를 읽·는 순·간
유·혹·은
성·공·한·다

상대의 마음 훔쳐보기

"혹시 쟤도 나한테 관심 있는 게 아닐까?"

"나를 챙겨주는 게 단순한 친절인지 호감인지 헷갈리는데…."

친구가 이런 연애 고민을 털어놓으면 마치 연애 유튜버라도 된 듯 훈수를 두던 사람도 정작 본인이 이러한 상황의 주인공이 되면 모쏠처럼 혼란스러움을 느끼게 된다. 왜 그들은 자신의 연애에서는 고장이 나는 걸까?

제 3자의 연애에는 객관성을 잘 유지하던 사람도 자신의 일이 되면 주관적인 생각과 착각이 개입되면서 쉽게 판단할 수 없는 상태에 빠지게 되기 때문인데 이러한 오류는 남녀별로 차이를 보인다. 남자는 여자보다 작은 호의를 호감으로 받아들이는 긍정형 착각을 쉽게 하고, 여자는 남자보다 호감을 호의로 축소해서 받아들이는 부정형 착각을 더 많이 하게 되며 이 외에도 살아온 환경과 경험이 개인 간의 차이를 만든다. 이러한 오류는 연애 횟수가 늘수록 점차 줄어들게 되지만 그때까지 마냥 손을 놓고 있을 수는 없는 일! 더 이상 애매함에 괴롭지 않도록 카톡에서부터 만나서까지 상대의 마음을 확인할 수 있는 호감, 비호감 시그널을 준비했다.

[카카오 톡 및 SNS 관심·호감 시그널]

1인칭 강조 표현	· '내가', '나'처럼 생략 가능한 1인칭 사용 · '오빠가', '메리는' 자신을 3인칭으로 칭함
스케줄 보고	· "내일 친구들이랑 만나기로 했어." · "지금 헬스장에 가는 중이야."
시각적 효과 활용	· 동영상/URL을 이용한 시각적 정보 공유 · 자신의 현재 상황, 상태를 공유하는 사진 전송 · 이모티콘의 높은 사용 빈도
의식주·날씨 관련 이야기	· "밥은 챙겨 먹었어?" · "어젠 잘 잤어?" · "우산 챙겨서 나가. 오늘 비 온대."
카카오톡의 미러링	· 자주 쓰는 의성어, 언어 습관, 신조어, 이모지를 따라쓰는 행동
뛰어난 정보력	· "그 영화에 톰 하디가 나왔던가?" · "그 영화 5월에 개봉한대." · 상대가 좋아하는 것에 대한 정보를 검색하고 공감대를 형성
자연스럽게 대화 이어가기	· 전날의 마지막 카톡을 읽지 않고 다음 날에 답장함
감정의 변화 전달	· 카카오톡의 상태 메시지를 자주 바꿈 · SNS 피드에 '힘들다', '지친다' 등의 감정을 표현 · 유난히 잦은 SNS 피드 업로드 또는 프사변경

결정권(주도권) 내어주기	· "A도 해야하고 B도 해야하는데… 다 하기 싫다. 그냥 하지 말까?" · "넷플릭스에서 뭐 보면 좋을까?" · "친구들 만나지 말고 너랑 빙수나 먹을까?"
여유로운 시간전달	· "오늘 진짜 심심하다." · "할 것도 없는데 뭘 하지?"

[관심·호감시그널]

자기자랑·지인 자랑	· "내가 아는 사람이…." · "내가 이번에 코인으로…."
이성·연애에 관한 질문	· "인기 많으실 것 같은데요?" · "마지막 연애가 언제였어요?" · "왜 헤어졌는지 물어봐도 돼요?"
이상형에 관한 질문	· "눈이 높은 거 아니에요?" · "이상형이 어떻게 돼요?"
비언어적 신호 (행동)	· 입술, 머리카락, 목 셀프 터치 · 자신의 얼굴을 자주 만짐 · 관심 있는 사람을 향해 배의 방향이 움직이거나 가까워지는 행동
비언어적 신호 (초점)	· 긴장으로 불안정한 아이 콘택트 · 안정적인 아이 콘택트 · 눈 사이와 입까지 그려지는 삼각존에서 머무르는 아이 콘택트
높아진 집중도	· 다수가 있을 때 당신이 제시한 주제에 대해 적극적인 리액션 · 다수와 관심을 나누지 않고 당신에게 집중하는 횟수 증가
시간 투자	· 남는 시간이 아닌 주말 또는 쉬는 날에 약속잡기

적극적인 리액션	· 웃음 · 질문 · 대화 주제 확장
가벼운 스킨십	· 머리, 옷에 묻은 것을 떼 주는 행동 · 웃으면서 어깨를 치는 행동 · 핸드크림, 네일을 칭찬하면서 스킨십 시도
미러링	· 당신의 손짓, 태도, 신체언어를 따라 함
상태 전달	· "요즘 외롭다는 생각이 들더라." · "친구들 전부 연애하느라 바빠." · "심심한데 할 건 없고…." · 연애할 생각이 있음을 암시함
수동적인 연애관 어필	· "나를 좋아해 주는 사람이 있었으면 좋겠다." · "내가 남자(여자)에게 인기 없는 스타일인가 봐."

[관심 있는 상대에게 보여줄 무관심 시그널]

공감 깨기	· "아, 한식 안 좋아해? 난 한식을 제일 자주 먹는데." · "로맨스 영화를 안 좋아하는구나? 영화 취향이 이렇게 다르네."
놀리기	· "머리 그거 뭐야? 자다 일어났어?" · "너랑 사귈 누군가가 벌써부터 좀 불쌍해지려고 그래." · "너, 오늘 소개팅 가? 왜 이렇게 신경 써서 나오고 그래?"
낮은 집중도	· 다수가 모인 자리에서 상대에게 관심을 '덜' 주는 행동 · 다른 사람과 동일하게 관심을 주는 행동
약속 시간 주도하기	· "오늘은 나 운동 가는 날인데 3시 말고 5시는 어때?" · "금요일은 약속이 있어. 토요일은 시간 괜찮은데."
연애에 낮은 의욕 보이기	· "요즘 바빠서 연애할 생각도 별로 안 생기고… 이것도 좋아하는 사람 생기면 달라지긴 하겠지?" · "가끔 혼자가 더 편한 것도 같고, 좋은 사람있으면 사귀고, 없으면 마는 거지 뭐."
물리적인 거리감 유지	· 마주 보고 앉을 때 의자 등받이에 기대는 자세
낮은 빈도의 아이 콘택트	· 간혹 창밖을 응시
낮은 기억력	· "너, 그때 커피 못 마신다고 그랬지? 아닌가? 아! 네가 아니었나?" · "전에 네가 영화 추천해 주지 않았던가? 너 맞지?"

첫 만남에 상대를 꿰뚫어 보는 법

사람은 자신과 똑같은 장·단점을 가진 사람보다 자신이 갖지 못한 것을 가진 대상에게 끌림을 느끼게 된다. 이는 자신의 결핍을 타인으로부터 충족하고자 하는 본능적인 행동이다.

반복적 일상에 지루함을 느끼는 사람

"그 사람은 만났을 때나 카톡으로 대화를 할 때도 늘 일에 관한 이야기만 해요."

여기에 해당하는 타입은 대부분의 시간을 일하며 보내는 워커홀릭이거나 '집-회사'만을 반복적으로 오가는 단조로운 일상을 보내는 사람일 가능성이 높다. 공적인 영역에 에너지를 들이는 것만큼 사적인 일(취미, 친목 등)에 쏟을 에너지와 시간이 없기 때문에 다양한 사람과 경험을 쌓기보다는 혼자 휴식을 취하는 것을 선호하는 경우가 대부분이다.

이들을 유혹할 때는 일과 관련된 이야기를 하며 정적인 휴식에 초점을 맞추고 상대와 공감을 쌓기보다, 그와 다른 활동적인 경험과 자신이 쉬는 날을 얼마나 즐겁게 보내는지를 드러내며 접근하는 것이 훨씬 좋다.

당신을 쉽게 질려할 사람

"이 사람과 이야기하면 여러 주제로 이야기를 하게 되는데 즐거워서 시간이 어떻게 가는지 모르겠어요."

여기에 해당하는 타입은 친화적인 성격을 가진 탓에 주변에 모여드는 사람이 많다. 이들은 대체적으로 대화를 잘 리드하며 사람들과의 분위기를 주도하는 매력을 가지고 있다. 하지만 지루한 것에 싫증을 잘 내고, 일상의 사소한 사건을 잘 잊어버리는 경우가 많아서 만나는 사람으로 하여금 서운함을 느끼게 만들 수 있다. 이런 사람들을 사랑에 빠지게 만들기 위해서는 관계의 주도권을 가능하면 오래 가지고 있는 것이 좋다. 또한 틀에 얽매이지 않는 생각과 행동에서 상대의 관심과 흥미가 높아진다는 것을 기억하자.

TMI에 숨겨진 진짜 속마음

"그 사람은 처음부터 말이 너무 없어서 저한테 관심이 없는 줄 알았어요. 다음에 만나자고 하는 것 보면 그건 아닌 것 같은데…."

"늘 자기 얘기는 많이 하는데 제 이야기는 물어주지 않아요. 관심이 없는 걸까요?"

상호 간의 대화 비율은 6:4 또는 5:5가 가장 이상적이지만 2:8처럼 한쪽이 지나치게 말이 없거나, 반대로 자기 이야기만 늘어놓는 사람을 만날 때가 있다.

소개팅 첫 만남에서 유난히 말이 없는 상대를 만나게 된다면 이것을 관심 없는 태도라고 여기게 되겠지만, 상대가 당신을 과의식하고 있을 때도 종종 이러한 반응을 보이게 되니 함부로 단정 짓지 않도록 하자. 자신보다 우월하다고 여기는 상대나 자신이 의식할 만큼 괜찮은 상대가 나타났을 때, 연애 경험이 없는 사람은 호감 시그널보다 긴장의 시그널을 우선적으로 드러내게 된다. 긴장을 하게 됐을 때 대화의 패턴은 지나치게 말이 줄어들거나 반대로 자신의 이야기를 과하게 하는 TMI(too much information)로 사람마다 다르게 나타난다.

이런 상태에 있을 때에는 단숨에 호감/비호감을 판단하는 것이 어렵기 때문에 우선적으로 긴장을 낮추는 대화를 시도해야 한다. 상대가 가장 잘 아는 업무나 주로 즐기는 취미에 관한 주제로 편안한 분위기를 만들면 높은 긴장감으로 인해 드러나지 못한 속마음을 빠르게 눈치챌 수 있다.

빈틈을 놓치지 않는 자기 자랑

"듣다 보면 괜찮은 사람 같은데 자기 자랑이 좀 심한 것 같아요. 이거 그냥 허세인가요?"

마음에 드는 사람을 만났을 때 자신이 얼마나 괜찮은 사람인지 드러내고 싶어 하는 것은 자연스러운 행동이다. 하지만 이것이 지나친 사람은 열등감을 감추고 있을 가능성이 높다.

무시당했던 경험, 열등감을 느끼게 만들었던 과거에서 완전히 벗어나지 못했기 때문에 현재 자신의 모습을 과시하게 된다. 과거의 상처를 현재의 인정으로 보상받으려는 것이다. 이들은 인정 욕구가 높아서 이것을 충족해 주거나 '먼저 다가오게 만들기(P.182)'를 참고하여 접근하면 빠르게 감정적 거리를 좁힐 수 있다.

과거 이야기를 왜 자꾸 하지?

- "내가 중고등학교 때는 야구 선수를 했었는데, 그때는 말이야."
- "대학교 다닐 때는 진짜 사람도 많이 만났고…."

소개팅이나 모임에서 낯선 사람과 대화할 때 현재나 가까운 과거의 이야기를 나누는 것이 일반적이지만 유독 자신이 잘 나갔던 오랜 과거의 이야기를 자주 꺼내는 사람을 만나기도 한다.

이런 대화를 선호하는 이들은 과거에 비해 현재 자신의 모습에 만족하지 못하는 경우가 많다. 그래서 무의식중에 현재 자신의 모습이 아닌 과거의 영광에 스포트라이트를 비추는 것이다. 이때는 적극적인 리액션과 더불어 현재 상대의 모습을 당신이 긍정적으로 보고 있다는 단점 오픈형 칭찬(똥차를 벤츠로 만드는 법 P.209 참고)이 효과적이다.

대화 주제를 보면 접근이 쉬워진다

"대화할 때마다 어려운 이야기가 나오는데 이 사람은 똑똑한 사람을 만나고 싶어 하는 걸까요?"

첫 만남에서 자신의 업무나 정치, 경제 등에 관해 장시간 이야기하는 경우는 드물지만 간혹 공감 능력이 떨어지거나 사람과의 감정적 교류에 불편함을 겪는 이들은 이러한 대화 주제를 선택함으로써 심리적인 안정을 찾으려 할 때가 있다. 이런 사람에게 접근할 때는 감정적 교류를 시도하기보다 사고력이 필요한 대화 주제를 선택함으로써 '대화가 잘 통하는 사람'이라는 인상을 남기는 것이 좋다. 만약 상대가 이런 대화를 할 때 전문 용어나 어려운 단어를 자주 선택한다면 우월감이나 나르시시즘을 가지고 있을 가능성이 있으니 매의 눈으로 유심히 살피도록 하자.

연락을 부르는 SNS의 마법

아무것도 하지 않고 좋아하는 사람이 알아서 다가와 주길 바라는 것은 로또를 사지 않고 1등에 당첨되길 바라는 것과 같다. 이 당연한 사실을 모두가 알고 있음에도 쉽사리 좋아하는 사람에게 다가가지 못하는 이유는 단 하나, 바로 거절에 대한 두려움 때문이다.

선톡 하나를 보내는데도 수십 번 망설이다가 포기하게 된다면 적어도 상대가 먼저 연락하게 만드는 방법쯤은 알아둬야 한다.

사랑의 성패는 정보력에 달렸다

적을 알고 나를 알면 백전불태! 이기는 전략을 짜기 위해서는 상대에 관한 정보가 많을수록 좋다. 그래서 우리는 관심남·관심녀의 인스타그램 게시물이나 카카오톡 프로필 사진에서 최대한 많은 정보를 수집해야 한다. 상대가 인스타그램을 전혀 하지 않는다면 일상의 대화나 주변에서 정보를 수집하여 카톡 프로필에 반영하는 것으로 가벼운 친밀감을 만들 수 있다.

만약 상대의 인스타그램에서 반려동물을 키우고 있다는 것을 알게 됐다면 카톡 프로필 사진에 동물과 함께 찍은 사진을 올리면 된다. 운동에 빠져있는 사람을 좋아하고 있다면 운동하고 있는 사진을 인스타그램이나 카톡에 올려 공감 코드를 맞춰보자. 비슷한 것을 선호하고 있음을 간접적으로 드러내는 행동만으로도 연락이 올 확률은 훨씬 높아진다. 게다가 우연히 대화까지 하게 된다면 대화 주제 또한 자연스레 만들어지게 되니 그야말로 완벽하다.

이런 방법을 알려주면 자신의 염탐이 들킬까 봐 주저하는 사람이 있는데 상대의 사진을 보고 하루에도 몇 번씩 따라 변경하는 게 아니라면 아무리 눈치가 빨라도 알아차리기 어렵다. 그러니 괜한 걱정에 마음 졸이지 않아도 된다.

만나지 않아도 아른거리기

SNS에 자신이 어떤 사람인지, 어떤 감정 상태인지를 알리는 것은 상황에 따라 득이 될 수도 있고 실이 될 수도 있다. 만약 썸이나 연애를 시작한 지 얼마 되지 않았다면 상대의 질투심을 부추기기 위해서 또는 자신의 감정을 분출하기 위해 SNS를 이용하는 것은 자제하는 것이 좋다. 이는 자신의 마음에 여유가 없고 조급하다는 것을 드러내는 행동이 되기 때문이다.

하지만 서로 목적 없이 연락하기 어려운 사이일 때, 깨진 썸을 다시 붙이고 싶을 때, 상대를 짝사랑하고 있을 때에는 인스타그램 피드를 주기적으로 바꾸고 카톡 프로필 사진은 2~3주마다 교체하는 것이 좋다. 온라인 PR은 상대를 마주하지 않고도 얼마나 매력적인지를 드러낼 수 있는 최고의 방법이니까.

그렇다면 어떤 사진을 써야 효과적일까?

카톡이나 인스타그램에 가장 잘생기고 예쁜 사진을 써야 한다는 당연한 이야기 말고, 외모 외에 사진 속 모습에서 사람들이 매력적이라고 느끼는 몇 가지 포인트를 더 알려주려고 한다.

① 짧은 동영상

자주 보게 되고 익숙한 사람에게 호감을 느끼게 된다는 이론인 단순노출 효과는 온라인에서도 동일하게 적용되기 때문에 상대의 눈길을 자주, 최대한 오래 머물게 만드는 것이 중요한데 이때 가장 효과적인 게 바로 짧은 동영상이다. 생각해 보면 누군가의 사진을 볼 때보다 인스타 스토리를 볼 때 시선이 더 오래 머물렀고, 카톡 프로필에 사진이 있을 때보다 짧은 영상이 있을 때 클릭해서 더 길게 봤던 기억이 있을 것이다. 그러니 인스타 릴스나 스토리, 카톡 동영상 프로필을 적극 활용해보자.

② 사회성을 드러내는 사진

호감을 포함한 개개인의 생각은 타인의 의견과 판단에 영향을 많이 받게 된다. 그 결과로 사람들과 잘 어울리지 못하고 겉도는 아싸보다, 사람들과 잘 어울리고 외향적인 인싸를 더 호의적으로 평가하는 것이다. 그래서 카톡 프사나 인스타 피드를 올릴 때에는 여러 사람과 함께 찍은 사진, 타인이 찍어준 듯한 사진을 이용하여 높은 사회성을 간접적으로 드러내는 것이 좋다. 특히나 좋아하는 사람 앞에서 어떻게 해야 할지 몰라 버퍼링이 걸리는 사람이라면 이러한 사회성을 오픈한 프로필로 '대인관계를 어려워하는 사람은 아니다'는 것을 슬쩍 드러낼 수 있으니 사진 한 장으로 단점까지 가뿐히 커버할 수 있게 된다.

③ 배경이나 장소가 읽히는 사진

누군가의 프로필 사진을 볼 때는 인물 외에도 배경으로부터 머물렀던 장소와 취향 등 부차적인 정보도 함께 읽히게 된다. 예를 들어 도서관에서 찍은 사진이라면 책을 좋아하는 사람이라는 인상을 줄 수 있고, 미술관에서 찍은 사진이라면 다양한 문화생활을 즐기는 사람이라는 이미지를 남길 수 있으며, 액티비티를 즐기는 사진이라면 활동적인 성격을 전달할 수 있으니 배경이 주는 효과를 놓치지 말자.

④ 여자라면 웃는 표정, 남자라면 어디엔가 집중하는 표정

남자가 가장 매력적으로 인식하는 여자의 표정과 여자가 매력적으로 인식하는 남자의 표정에는 차이가 있다. 소개팅 전에 또는 소개팅 앱을 통해 사진을 먼저 주고받는다면 여자들은 남자의 표정이 읽히지 않는 사진에서 가장 크게 호감을 느끼기 때문에 운전할 때의 사진이나 무언가에 몰두하고 있는 사진을 쓰는 것이 좋다. 반대로 남자들은 여자의 웃는 표정에 가장 큰 끌림을 느끼므로 기왕 고를 거라면 친구들과 만난 자리에서 즐거워하는 표정, 무언가를 하는 행동에서 웃음기 가득한 표정이 잘 드러난 사진을 선택하기로 하자.

쉽게 연락할 수 있는 사람이 되기

심심할 때 수다를 떨 상대를 찾고 있다면 '나를 반기는 사람'과 '나를 반기는지 알 수 없는 사람' 중에서 누구에게 연락하겠는가? 당연히 나를 반기는 사람일 것이다. 그래서 대화할 때는 반가움을 드러내어 상대가 다음에도 쉽게 연락할 수 있도록 만들어야 한다.

늦은 밤 우연히 대화를 나누게 된다면 "이 시간에 같이 놀 사람도 있고 좋다."라는 말을 건네보자. 그럼 잠이 오지 않을 때마다 스스럼없이 먼저 연락을 하게 될 테니까. 만약 근무 중에 카톡으로 대화를 나누게 된다면 퇴근할 때쯤에 "오늘 회사에서 진짜 시간 안 가서 지겨웠는데 벌써 네 시라니. 너랑 놀아서 그런가?"라는 말로 반가움을 드러낸다면 근무 시간이 지겨워질 때마다 그들은 당신을 떠올리게 될 것이다.

연락이 독이 되는 타이밍

카톡은 직접 만나지 않고도 호감과 유대감을 높일 수 있는 편한 수단이다. 하지만 잘못된 타이밍에 보낸 메시지 하나로 잘나가던 관계에 브레이크가 걸릴 수 있다. 썸에서 연애로 무사히 넘어가기 위해 이 위험한 타이밍을 미리 알아두자.

친구 만나러 가려고

전화를 하거나 카톡을 할 때 상대방이 친구를 만나러 가는 중이라던가, 일이 바쁘다는 것을 알린다면 어떻게 하는 것이 좋을까? 이때는 행선지를 묻는 스몰 토크나 응원 메시지를 보내는 것보다 "방해되겠다. 이따 연락할까?", "친구들과 잘 놀아. 나중에 연락할게."라고 하며 잠시 빠지는 것이 좋다.

그러면 상대는 바쁜 상황에서 카톡을 받고 부담이나 압박감을 느끼지 않을 뿐만 아니라 상대의 반응으로 호감도까지 확인해 볼 수 있게 된다. 이런한 배려에 "아니야. 친구들이랑은 원래 각자 노는 편이라.", "방해는 무슨?" 이와 같은 반응을 한다면 대화에서 충분히 즐거움을 느끼고 있으며 호감이 있을 가능성이 높다.

고백을 거절당한 후

큰마음을 먹고 고백했지만 돌아오는 대답이

"한 번도 친구 이상으로 생각해 본 적이 없어."

"아무래도 감정이 생기지 않아. 우리 예전처럼 지내자."

라면 아무리 멘탈이 강한 사람이라도 큰 상처를 받게 된다. 이렇게 마음이 무너지는 중에도 '혹시 상처받은 모습을 보이면 나를 대하기 더 껄끄러워하지 않을까?', '아, 내가 거절당하다니! 자존심 상해.' 같은 생각을 하며 애써 평소와 같은 태도로 연락을 시도하는 사람이 있는데 이러한 행동은 절대 관계에 좋은 영향을 미치지 않는다.

고백할 정도로 상대를 좋아했다면 거절당한 후에 감정을 정리할 시간이 필요한 것이 당연하다. 그런데 상처받은 것을 감추는 데 급급한 사람은 이 당연한 행동을 하지 않음으로써 오히려 괜찮지 않은 상태를 들키고 만다. 더욱이 이 행동으로 얕은 감정에 고백하는 가벼운 사람이라는 오해를 살 수 있는데 어느 쪽이든 고백 이후의 관계에 나쁜 영향을 주게 된다.

이때는 1~2주 동안 어색하게 구는 태도로 거절에 어쩔 줄 몰라 한다는 것을 드러내다가 그 후에 좋아하는 마음을 접었음을 표현하는 게 가장 자연스럽다. 이렇게 해야 진심이 의심받지 않을뿐더러, 상대로 하여금 '얘는 벌써 나를 보는 게 아무렇지도 않나?'라는 아쉬움을 유발할 수 있다.

단답형 대답에 당황하지 말라

질문을 했을 때 돌아오는 대답을 보면 상대가 이 대화를 더 이어가고 싶은지, 아닌지를 금방 눈치챌 수 있다. 어떤 걸 묻든 단답형으로 대답을 한다든가 "너는?"이라는 되묻기가 없다면 대부분 낮은 텐션에 대화를 이어가지 않을 것이다.

하지만 평소에 그렇지 않았던 사람이 대화를 단절하는 태도를 보인다면 혹시 자신이 실수한 것이 있을지 모른다는 생각에 애써 분위기를 바꾸려 하거나 상대에 대한 걱정에 대화를 이어가려 노력하게 된다. 이런 감정적 배려에 한두 번은 고마움을 느끼게 되겠지만 지속적으로 저자세를 취하는 일이 잦아진다면 상대는 점차 그것을 당연한 권리처럼 여기기 쉽다. 그러니 이런 상황이 반복된다면 "오늘 컨디션 안 좋아 보이는데 좀 쉬고 나중에 연락할게"라는 말로 적당히 끊어내는 것이 더 현명하다. 이렇게 상대의 잘못된 태도를 알게 하는 것만으로도 스스로 이유를 말하게 만들고, 서로가 동등한 위치를 유지할 수 있게 된다.

답장을 할 수밖에 없는 선톡

거절에 익숙한 사람이든, 그렇지 않은 사람이든 고심 끝에 보낸 메시지를 무시당한다면 기분이 썩 유쾌하지 않다. 이러한 타인의 거절은 마음의 상처가 되고, 그 상처가 주눅 든 태도를 만들기 때문에 불필요한 거절은 경험하지 않을수록 좋다. 그래서 연락을 할 때도 답장을 할 수밖에 없는 선톡 스킬이 필요하다.

호감을 들키지 않는 자연스러운 선톡

처음부터 마음을 과하게 드러내면 받는 쪽에서는 부담을 느낄 수밖에 없다. 그래서 특정 관계로 발전을 하기 전에는 상대가 호감을 강하게 느끼지 못하도록 의도를 감추고 담백하게 연락을 시도하는 것이 좋다.

- "얼마 전에 카메라 샀다고 했죠? 혹시 소니가 나은지 캐논이 나은지 물어봐도 돼요?"
- "저번에 토익 시험 치셨다고 들었는데 혹시 학원 어디 다녔어요? 저도 쳐야 하거든요"

이렇게 대화의 포커스를 관심 대상에게 두는 것이 아니라 그 사람이 가지고 있는 물건이나 알고 있는 정보에 두고 대화를 시작하면 티키타카도 쉬워지고 상대는 당신이 연락한 진짜 의도를 파악하지 못하게 된다.

상대를 수다스럽게 만드는 질문

카톡에 서로 친구로 등록된 상태거나 인스타그램을 서로 팔로우한 경우에는 프사나 피드로 그 사람의 취향이나 일상을 들여다볼 수 있다. 이렇게 불특정 다수에게 드러난 정보를 활용하여 상대의 사생활이나 일상에 관한 질문을 던지는 것이 좋다. 자신에 관한 이야기를 할 때 사람은 쉽게 수다스러워지니까.

- (프로필 사진에 있는 영화관 배경의 셀피를 보고) "너, 그 영화 보러 갔었어? 나도 볼까 말까 하고 있었는데 괜찮았어?"
- "전에 네 인스타그램에 올렸던 바다 사진, 진짜 이쁘던데 거기가 어디야?"

이렇게 영화나 장소를 추천받은 후에 그에 대한 긍정적인 피드백까지 전달하면 완벽하다.

사람은 자신이 알려준 것에 대해 좋은 평을 받게 되면 높은 만족감을 느낀다. 그래서 추천해 준 곳이 어땠고, 얼마만큼 마음에 들었는지에 관해 상대의 생각을 구체적으로 듣고 싶어 하게 된다. 이러한 대화로 서로 통하는 기분까지 만들 수 있으니 지금 바로 시도해 보자.

감각으로 친밀감을 자극하기

만나서 대화를 할 때는 분위기를 잘 만들지만, 카톡을 하는 순간 지루한 사람으로 전락해버리는 이들이 있다. 여기에 해당하는 사람들은 대체로 표현력이 상당히 떨어진다는 공통점을 가진다. 대면했을 때는 자신의 부족한 표현력을 표정으로 대체하여 상대와 정서적 교감에 문제가 생기지 않지만, 표정을 드러내지 못하는 상태에서는 한계에 부딪혀 문제가 생기고 마는 것이다. 이런 문제를 겪고 있다면 카톡을 할 때 감각을 적극 활용하는 것이 좋다.

◉ 이제 점심시간이네. 배고프다.

→ 점심시간 기다리느라 배고파 죽을 뻔했네.

◉ 오늘 비 오네요. 비 오는 날 좋아해요?

→ 오늘 비 오니까 되게 나른해지는 것 같아. 이런 날 좋아해요?

◉ 좋은 아침! 잘 잤어요?

→ 밤새 악몽을 꿔서 그런가? 오늘 몸 좀 사려야 할 것 같은 느낌이에요. 잘 잤어요?

이처럼 같은 뜻을 가지더라도 어떻게 표현하느냐에 따라 다르게 와닿게 된다. 그래서 친밀감을 만들고 싶거나, 상대의 적극적인 대화 참여도를 만들기 위해서 부사나 감각(시각, 청각, 후각, 미각, 촉각)을 활용한 표현력을 높인 대화를 사용하는 것이 좋다. 당장 익숙한 대화 패턴을 바꾸기 어렵다면 표정을 대신할 수 있는 이모티콘의 사용의 빈도를 늘리거나 한 장에 많은 것들을 담을 수 있는 사진 전송을 활용하는 것도 도움이 된다.

시간차 공격을 이용하라

아침 인사를 할 때 주로 "좋은 아침! 잘 잤어요? 오늘도 수고해요."라는 말을 가장 많이 사용하는 재미없는 사람이라면 시간차 공격을 이용하는 것이 현명하다.

지루한 사람이 늘 뻔한 시간에 연락을 하는 것만큼 상대를 질리게 만드는 일도 없다. 카톡 스킬이 빠르게 늘지 않는다면 매일 같은 시간에 메시지를 보내는 것보다 하루는 아침에, 하루는 한낮에, 어떤 날은 저녁 즈음에 보내며 "오늘 너무 바빠서 정신이 없었어요. 이제 곧 퇴근이죠?"라는 선톡으로 나타나는 시간을 예측할 수 없는 재미라도 주는 것이 더 낫다.

가짜 호감에 속지 말자

유혹을 하기 위해서는 상대방의 호감을 제대로 읽어내는 것이 중요하다. 대개 연애 경험이 많을수록 이것을 빠르게 알아차릴 수 있지만 아무리 경험이 많은 사람이라 하더라도 눈치채기 어려운 유형이 존재한다. 바로 기본적으로 모두에게 친절한 사람, 즉 가짜 호감 시그널을 습관처럼 보내는 이들이다. 이들이 베푸는 호의는 평균의 수준을 웃돌아 받는 이로 하여금 '혹시 쟤가 나한테 관심이 있는 건 아닐까? 모두에게 친절한데 내가 착각하는 거라면 어쩌지?'라는 고민을 하게 만든다. 만약 연애 가능성을 조금 더 정확하게 알고 싶다면 이 가짜 호감을 구분할 줄 알아야 한다.

호감의 친절 vs. 일상의 친절

아무리 친절한 사람이라도 이성으로 느껴지는 상대에게 드러내는 호감과 타인에게 베푸는 호의의 범위는 다르기 마련이다.

이를테면 근무 시간이나 학교에서 무언가를 가르쳐달라거나 가는 길에 태워 달라는 것처럼 자신의 개인적인 시간을 크게 침범하지 않는 선에서의 부탁은 누가 하든 쉽게 들어줄 수 있다. 하지만 사적인 시간을 할애해야 하거나, 이성적인 관계에서 청할 법한 부탁은 흔쾌히 수락하기 어렵다. 그래서 아래와 같이 개인적인 시간과 노력을 들여야 하는 도움을 요청하는 것으로 가짜 호감과 진짜 호감을 구별하면 된다.

"알람을 다섯 개나 맞춰 놨는데도 왜 이렇게 불안하지? 중요한 일이 있어서 8시에 일어나야 하는데 혹시 모닝콜 좀 해줄 수 있어?"

아침잠 10분이 얼마나 달달한 지 아마 모두 알고 있을 것이다. 그래서 고작 상대의 10분의 시간을 요청한 것뿐이라 하더라도 들어주는 입장에서는 생각보다 큰 것을 포기하게 된다.

친절을 부정하게 만들기

관심 있는 사람에게 잘 보이려고 베푼 친절이 모두에게 베푸는 호의로 치부된다면 서운할 수밖에 없다. 만약 다정하고 세심한 태도로 헷갈리게 만드는 사람이 있다면 모두에게 친절한 태도를 칭찬해 보자. 좋아하는 마음이 있다면 이러한 칭찬에 발끈할 수밖에 없을 테니까.

여: 그러고 보니까 넌 진짜 정이 많은 것 같아. 어떻게 그렇게 모든 사람에게 친절할 수가 있지?

남: 사람들한테 다 친절한 건 아닌데. 아무한테나 그러겠냐? 설마.

이와 비슷하게는 '나는 다른 사람들한테는 무뚝뚝하면서 나한테만 친절한 사람을 보면 이상하게 떨리더라.' 처럼 친절을 가려 베푸는 사람이 이상형이라는 것을 드러내면 된다. 이성적 호감을 가진 사람이라면 자신의 무뚝뚝함을 드러내려고 할 테니 쉽게 구별할 수 있을 것이다.

내향적 vs 외향적

주변으로부터 에너지를 얻는 외향적인 사람들이 만드는 상황과 분위기를 좋아해서 낯선 이들에게도 스스럼없이 다가가는 경우가 많다. 외향적인 사람들은 타인과 잘 어울리기 위해 불특정 다수에게 친절을 베풀거나 장난기 넘치는 행동을 보일 때가 있는데 이러한 행동이 사람들로 하여금 '나를 좋아하는 건가?' 라는 착각을 불러일으키곤 한다. 그래서 헷갈리게 하는 상대가 외향적인 사람이라면 특정 행동만 보고 호감을 단정 짓고 고백하려는 마음을 먹는 것은 다소 섣부른 행동일 수 있다.

반대로 내향적인 사람은 혼자 있는 시간에 에너지를 충전하는 타입으로 외향적인 사람들에 비해 타인에게 불필요하게 적극적으로 다가가는 일이 드물다. 만약 여기에 해당하는 이들이 적극적으로 다가온다면 이성적인 호감을 가지고 있을 가능성이 높아지게 되니 상대의 마음이 헷갈린다면 기본적인 성격적 특성을 확인해 보는 것도 도움이 된다.

호감은 절대 친절에서 그치지 않는다

사람은 모두 목적을 가지고 행동하기 때문에 상대가 당신에게 마음이 있다면 절대로 친절하게 굴면서 친하게 지내는 것에서 만족하지 않는다.

더 특별한 관계를 만들기 위해 친절 이상의 적극적인 태도를 보이게 된다는 것이다. 호감을 가진 상대의 목적은 '데이트' 또는 '연애'로 설정되어 있으므로 다정하거나 상냥한 태도로 가까워진 후에 "아, 심심하다. 넌 주말에 뭐해?"라는 데이트를 만드는 질문을 하게 될 것이다.

이 방법으로 마음을 알아내기 위해서는 상대가 친절 이상의 무언가를 더 할 수 있도록 사전에 거부감을 드러내거나 지나치게 자기방어적 태도를 보이지 않는 것이 좋다.

상대의 이상형이 되는 가장 쉬운 법

좋아하는 사람이 생겼을 때, 썸을 타기 전에 이상형이 무엇이냐는 질문을 흔히 한다. 상대가 바라는 이상적인 연애 대상에 자신이 부합한다는 것을 드러내기 위한 사전 조사인 셈이다. 하지만 이런 질문을 했을 때 속 시원한 대답을 얻어낸 적이 몇 번이나 있는가. 대개는 성격이 좋은 사람, 대화 코드가 잘 맞는 사람, 잘 통하는 사람, 내 눈에 예쁜 사람이라는 애매한 대답을 더 많이 들어봤을 것이다. 그러니 이런 실속 없는 질문을 하는 대신 상대가 원하는 사람이 자신이라는 것을 알게 만드는 현명한 방법을 택하는 것이 어떨까.

당신은 모든 사람의 이상형이다

이상형을 묻는 질문에 단 한 마디로 자신이 만나고 싶은 타입을 이야기할 수 있는 사람은 없을 것이다. 외모부터 시작해서 스타일과 성격까지 그 모든 것을 상세히 이야기하면 괜히 눈이 높다는 소리를 듣기 때문에 말을 아낄 뿐이지 않은가. 상대방도 마찬가지다. 입 밖으로 꺼내지 않을 뿐, 그 사람의 머릿속에도 수많은 바람들이 존재한다. 그 많은 바람들 중에 자신의 장점에 해당하는 모습 한두 가지쯤은 있기 마련이다. 그러니 이것을 대화를 통해 상대가 알아차리게 만들어 보자.

여: 네가 보기엔 내가 어떤 사람 같아?

남: 음… 처음 봤을 때는 좀 차가워 보였는데 몇 번 보니까 귀여워 보일 때도 있고, 의외로 다정한 사람인 것 같던데.

이처럼 누군가에게 "네가 보기엔 어떤 사람 같아?"라는 질문을 하면 상대는 대답하기 위해 질문한 사람의 매력을 구체적으로 생각하게 된다. 그 매력이 착한 것이든, 친절한 것이든, 마음이 여리고 여성스러운 것이든, 보기와는 달리 남자다운 모습이 있든 상관없다. 말했듯, 사람의 이상형은 하나의 조건으로 정의되지 않고, 자신이 가진 장점 중에 상대의 이상형에 해당하는 부분이 하나도 없을 리가 없다. 이 질문으로 상대의 이상형에 얼마나 가까운지 알아차리게 만들면 앞으로의 일이 한결 쉬워진다.

경쟁자 제거하기

정말 괜찮은 사람 주변에는 호시탐탐 그 사람을 노리는 하이에나 같은 이들이 많다. 그런 경쟁자들과는 차원이 다르다는 걸 알리기 위해 나온 멘트가 우리의 부모님 세대에서 등장한 "나는 다른 사람과 달라."였다. 하지만 시대가 변하면 연애도 변하는 것이 당연한 일. 요즘은 더 구체적이고 은근하게 '네가 겪은 사람들보다 내가 낫다'고 오픈하는 것이 반응이 좋다.

- "요즘 인터넷 댓글을 보면 쓸데없이 열폭하는 사람이 너무 많더라. 난 그게 자기 못났다고 인정하는 것처럼 보이던데 왜 그걸 모르는지…."
- "요즘 사람을 만날 때 너무 계산적인 사람이 많더라. 그냥 좋아하면 되는 거 아닌가?"

이렇게 자신은 다른 사람들과 다르다는 걸 가벼운 비난으로 전달하는 게 효과적이다. 썸을 타든 연애를 하든 남녀 관계에서 상처받고 싶은 사람은 없기에 사람들의 이상형에는 늘 '나에게 상처 주지 않을 사람'이 우선순위가 된다.

언어의 최면 효과

긍정적인 언어가 사람의 생각을 바꾸는 것처럼 언어에는 저마다 힘이 있다. 그저 아는 사이쯤이라고 생각했던 사람이 나를 특별하게 여기고 있다는 말을 들은 후 이전에 없던 친밀감이 생기게 되거나, 상대가 나를 편하게 느낀다는 말을 듣고 난 후에 그 사람을 더 편히 대하게 되는 경험은 일상에서도 흔히 겪을 수 있는데 이러한 언어와 대화의 힘을 유혹에 사용하기 위해서 '우리'와 '우연'이라는 단어를 이용할 줄 알아야 한다.

◉ "너는 뭐 좋아해?" → "우리 뭐 먹을까?"

◉ "내일 그거 먹으면 되겠다." → "우리 내일 그거 먹으면 되겠다."

◉ "내일 만날까?" → "우리 내일 만날까?"

'우리'란 말을 사용하면 너와 나를 구분했을 때보다 친밀감과 유대감이 훨씬 더 높아진다.

◉ "너도 그 카페 알아? 나, 거기 자주 가는데."

→ "너도 그 카페 알아? 나, 거기 자주 가는데, 우리 우연히 만났을 수도 있었겠다."

우연이 반복되면 운명이 된다는 말이 있다. 마치 우리가 만나야만 하는 운명이란 것을 상대가 느끼게 만든다면 로맨스의 시작이 생각보다 쉽게 만들어질 수 있다. 정말 유치해 보이지만, 의외로 효과적인 말의 힘인데 이것을 몇 번만 반복해도 상대는 당신을 만날 수밖에 없었던 특별한 사람이라 여기게 된다.

당신의 연애에 어장은 없다

"그런 의도는 아니었을 거예요. 그렇게 나쁜 애는 아니었거든요."

"저를 좋아한다고 생각했는데… 대체 왜 그러는지 모르겠어요."

상담을 하다 보면 연애가 불가능한 사람에게 매여서 가슴앓이를 하는 이들을 종종 만난다. 감정은 시간이 갈수록 커지기 때문에 상대가 연애가 가능한 사람인지를 가능한 한 빨리 알아차리는 것이 굉장히 중요하다. 이번에는 연애에 꼭 한 번쯤은 등장할 빌런, 어장남/어장녀를 구별해내는 눈을 키워보기로 하자.

한 가지의 투자 발생

누군가를 진심으로 좋아하게 되면 감정과 시간과 돈을 들이는 3종의 투자를 하게 된다. 간혹 나이에 따라, 상황에 따라 비율이 조금씩 달라질 수는 있어도 이러한 투자가 애정을 가늠할 수 있는 기준이 된다는 것을 모르는 사람은 없다.

시간적 여유가 많은 사람은 좋아하는 사람을 만나기 위해 시간을 가장 먼저 들이고 애정이 커감에 따라 순차적으로 감정과 선물 또는 데이트 비용 지출로 경제적 투자를 함께하게 된다. 하지만 어장의 경우에는 일관적으로 자신이 가장 많이 가지고 있는 단 하나만을 투자하는데 이것으로 상대가 애정을 가지고 있는지, 어장을 치는지 알아볼 수 있다.

아주 드문 확률로 어장을 치는 게 아니라 해도, 하나의 투자만 하는 사람을 만날 때가 있는데 이런 사람은 어장이냐 아니냐를 떠나서 좋은 연애 대상자라고 할 수 없으니 디테일한 구분을 하지 못할까 봐 걱정할 필요가 없다.

내가 아직 그럴 상황이 아니라서

"내가 아직 연애할 여유가 없어서…"

"아직 누굴 만날 상황이 아니라서…"

데이트도 하고 연락도 자주 하지만 온갖 핑계로 연애 불가 상태를 드러내는 사람은 거르는 것이 좋다. 썸과 연애를 비교해 봐도 관계에 대한 책임감과 의무감만 달라질 뿐 실제 데이트나 연락 횟수는 크게 변하지 않는다. 그러니 썸을 탈 수 있는 사람이라면 연애를 하는 데도 큰 문제가 없다. 이걸 그 사람이 모르고 있을 리 없고.

누군가는 과거 저런 말에 '상황이 나아지면 우린 사귈 수 있겠지.', '여유가 생기면 나랑 사귀겠지.'라는 희망을 품고 끊임없이 기다렸을 것이다. 이제 속지 말자. 연애란 그들의 말처럼 완벽한 상황과 어마어마한 여유가 있어야만 시작할 수 있는 것이 아니다.

나는 천천히 알아가는 스타일이라서

고백하거나 좋아하는 마음을 드러냈을 때 "나는 사람을 천천히 알아가는 스타일이라서…."라고 말하는 사람을 만났다면 잠시 멈춰서 그들의 행동을 짚어봐야 한다. 천천히 알아가는 스타일이라는 말은 그 사람이 어장을 치고 있거나 당신에게 연애할 만큼의 끌림을 느끼지 못한다는 말과 같을 수 있기 때문이다.

유년기 때 아이들이 엄마에게 보이는 애착을 보면 독점욕을 강하게 띄고 있다. 오죽하면 '엄마 껌딱지'라는 말이 나왔을까. 이처럼 애정은 강한 독점욕을 기반으로 하는데 나이가 들어감에 따라 상대가 불편하지 않을 만큼 축소된다. 이렇게 축소된 독점욕이 특별한 관계로의 발전, 즉 남녀관계에서는 연애가 되는 것이다. 그래서 연애로 발전하는 것을 꺼리는 사람은 가지고 있는 애정이 아주 적다던가, 관계에 부여되는 책임감을 더 크게 느끼고 있을 가능성이 높다고 볼 수 있다.

데이트 vs. 메이트

둘이 만나기 위해서 무언가를 하는 것과 무언가를 하기 위해서 둘이 만나는 것은 다르다. 만나기 위해 밥 먹고 영화 볼 계획을 짜는 것은 감정적인 관계라고 볼 수 있지만, 밥 먹고 영화 보기 위해 만나는 것은 전혀 다른 문제다.

이것을 구별하는 방법은 간단하다. 특정한 장소에서 특정 시간을 함께 보낼 사람이 필요해 만남이 만들어진다면 그 목적이 이뤄진 후에는 함께 시간을 보낼 이유가 없기 때문에 데이트하는 시간이 짧을 수밖에 없다. 상대가 주말 하루를 쓰는 긴 데이트를 꺼려한다면 관계를 재점검해 봐야 한다.

누군가를 기억하기만 하는 사람이 아니라

원하는 사람의 기억에 오래도록 남는 사람이 되기를 바란다.

04

매력 2·0·0·% 상승 연애코칭

사람들은 당신의 호감을 철벽이라 부른다

모든 사람은 타인의 표정과 행동 그리고 말을 통해 그들의 심중을 알아차리게 된다. 그래서 낯선 사람과 몇 마디 나누는 것으로도 상대가 호의적인지 아닌지를 눈치챌 수 있는 것이다. 이것을 고려하지 않으면 무심코 한 행동으로 '철벽녀', '철벽남'이라는 오명을 얻게 되는 일이 생길 수 있다. 원하는 사람에게 다가갈 마음을 먹었다면 자신도 모르게 오해를 사게 되는 행동부터 바꿔보자.

연애는 효율이 아니잖아요

가능성이 없는 일에 도전하는 사람은 드물고, 이것은 사람과의 관계에서도 동일하게 적용된다. 상대와 좋은 관계로 발전될 가능성이 전혀 보이지 않는다면 누구든 쉽사리 마음을 키우지 않기 때문에 '네가 다가온다면 거절하지는 않을 거야', '나는 연애할 준비가 되어 있어' 같은 가능성을 보여주는 것이 중요하다. 하지만 간혹 대화를 하면서 자신이 얼마나 바쁜지를 계속해서 알리는 사람이 있다. 한두 번쯤이야 그리 문제가 되지 않지만 지속적으로 이런 말을 하게 되면 연애할 여유가 없는 사람이라는 이미지가 생겨나게 된다. 이것으로 인해 상대는 관계를 발전시킬 의지를 잃게 되고 만다. 이런 일을 방지하기 위해 데이트 정도는 할 수 있는 여유를 드러내는 것을 잊지 말기로 하자.

매력적인 아이 콘택트는 따로 있다

소통은 언어와 비언어적인 태도로 이루어지는데 상대를 지나치게 의식하다 보면 눈을 마주치는 것조차 어려워지게 되고 결국 소통에 오류가 생기기 시작한다. 간혹 이렇게 긴장도가 높은 이들 중에는 '아이 콘택트가 중요하다'라는 말을 듣고 의식적으로 눈을 마주치기 위해 애를 쓰는 경우가 있는데 이런 행동은 오히려 마주 앉은 사람을 불편하게 만들 수 있다.

비언어적 소통의 핵심인 눈빛은 상대에게 다양한 정보를 전달하게 된다. 누군가의 마음을 사로잡는데 적합한 매력적인 아이 콘택트는 짧지도, 길지도 않은 3초간의 시간과 상대의 얼굴이 다 담길 만큼의 넓은 시야를 말한다. 이 두 가지의 조건이 갖추어졌을 때 비로소 잘 맞는다는 느낌까지 줄 수 있게 된다.

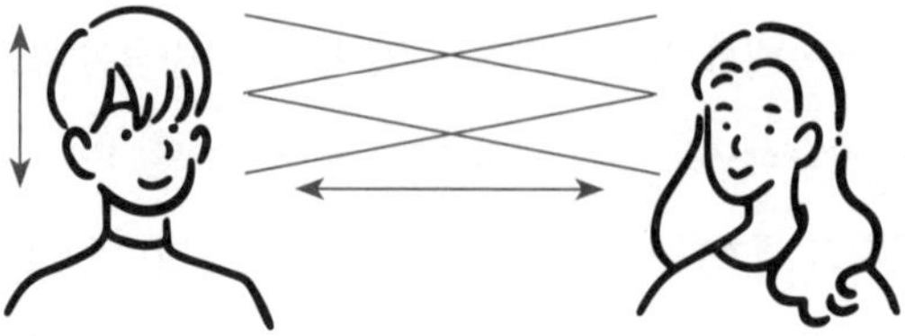

상대의 호의를 예의로 거절하지 않기

처음 만나는 사람 또는 아직 감정에 확신이 서지 않는 사람을 대할 때 어디까지 예의를 차려야 하는지 헷갈리는 상황이 종종 생긴다. 꽤 괜찮은 사람과 소개팅을 한 후에 그가 집 근처까지 데려다준다고 한다면 당신은 어떤 대답을 할까? 여기서 상대가 피곤할까 봐 거절을 한다고 말하는 사람은 지나친 예의로 철벽녀라는 오해를 받기 쉬운 타입에 해당된다. 남자의 경우도 마찬가지로, 사귄 지 얼마 되지 않은 여친이 선물을 준비한다는 것을 알았을 때 이것을 강하게 만류한 적이 있는 사람은 사귀는 사람에게서조차 '나를 좋아하지 않는 남자'라는 오해를 사기 쉬운 유형일 가능성이 높다.

호의를 예의로 거절하게 되면, 그 사람은 마치 자신이 거절당한 듯한 기분을 느껴 서로의 오해는 깊어질 수밖에 없다. 그러니 이제부터는 관심남, 관심녀가 보이는 호의를 기쁘게 받고 고마움을 표현하는 쪽을 택하기로 하자.

혼자 모든 것을 해결하지 말라

일찍이 많은 것을 스스로 해결하고 가족을 돌봐야 하는 K-장남, K-장녀를 비롯해서 사업가나 자수성가한 사람에게서 자주 볼 수 있는 특징 중 하나가 지나친 자립심이다. 인간이 사회적인 동물이라는 말이 무색할 정도로 여기에 해당하는 이들은 누군가에게 기대고 도움을 받기보다 모든 일을 스스로 고민하고 결정하는 것에 훨씬 익숙하다.

이러한 높은 자립심이 보이는 태도들은 처음에 매력적으로 보일 수 있지만, 썸을 타고 연애를 하는 중에도 뭐든 혼자 알아서 하는 태도는 결국 만나는 이로 하여금 소외감을 느끼게 만든다.

오늘 알게 된 사람과 깊은 고민을 나눌 수는 없지만 마음을 터놓은 친구와는 가능한 것처럼, 관계마다 친밀감의 농도가 다르고 가까울수록 나누는 이야기는 더욱 깊어지게 된다. 연애는 유대감을 바탕으로 하는 관계인데도 불구하고 어떤 고민도 나누지 않고 혼자 결정하고 행동하는 태도에서 상대는 감정적 거리 두기, 즉 철벽을 느끼게 되는 것이다.

당신은 원래 매력적이었다

괜찮은 외모와 그럴싸한 능력을 갖춘다면 기대를 하고 다가오는 사람은 많아지고 그에 따라 좋은 사람을 만날 기회는 늘어나게 된다. 하지만 아쉽게도 사람은 연애 대상자로서 상대를 평가할 때 외모와 능력만으로 점수를 매기지 않는다. 대단한 재벌이나 연예인 뺨치는 외모를 가질 게 아니라면 단 두 가지의 조건을 적절히 충족시키는 것만으로는 괜찮은 사람이라는 평가를 받기에는 다소 무리가 있다는 뜻이다. 그러니 원하는 사람을 사로잡고 싶다면 연애에 최적화된 자기 관리를 할 줄 알아야 한다.

유혹의 기본은 마케팅이다

"당신의 매력은 뭐라고 생각하세요?"라는 질문에 선뜻 대답할 수 있는 사람은 드물다. 대개는 자신의 매력이 무엇인가를 한 번도 생각해 보지 않는 경우가 많고, 이것에 대해 생각해 본 적이 있다 하더라도 자신의 장점을 찾지 못해서, 내가 생각하는 '나'와 타인이 생각하는 '나'가 얼마나 일치하는지를 몰라서 대답을 망설이게 된다.

마케팅을 잘하는 사람은 자신이 판매할 것들의 장점을 파악하고, 고객의 니즈를 노려서 구매 욕구를 불러일으킨다. 사람을 사로잡는 것도 똑같다. 가지고 있는 매력이 무엇인지 알아야 효과적으로 누군가의 마음을 움직일 수 있는 것이다.

이 매력을 찾기 위해서는 가장 먼저 스스로 생각하는 모습과 타인이 보는 모습을 서로 일치시켜야 한다. 가까운 주변 사람들에게 아래의 수식어 중 당신과 가장 잘 어울리는 것이 무엇인지 물어보고 그들의 대답 중에 스스로 생각한 자신의 모습과 일치하는 것이 있는지 확인해 보자. 이 교집합에 해당되는 수식어가 바로 자신의 이미지이자, 매력이 된다.

나를 표현하는 수식어
너그러운, 배려심 있는, 사려 깊은, 친절한, 다정한, 당당한, 솔직한, 순수한, 사랑스러운, 매너 있는, 성실한, 열정적인, 유능한, 리더십 있는, 진지한, 차분한, 밝은, 긍정적인, 감성적인, 활기찬, 귀여운, 낭만적인, 낙천적인, 내성적인. 강인한, 깔끔한, 청순한, 세련된, 지적인, 차가운, 부드러운, 성숙한, 섹시한

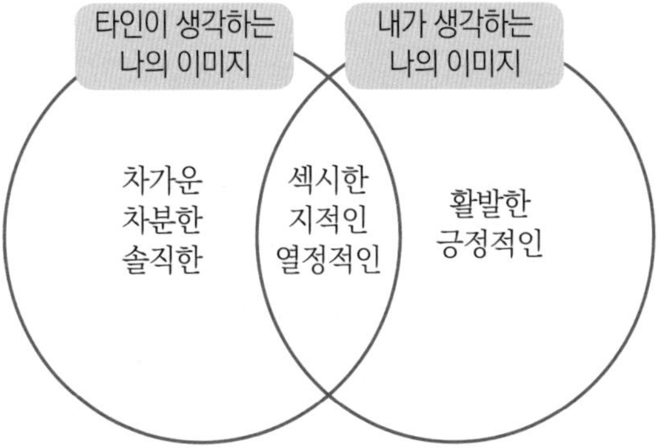

연애가 쉬워지는 키워드, 친절

타인을 대할 때 친절한 태도를 갖춘 사람은 유혹에 탁월한 재능을 가진 것과 같다. 호감을 의심케 하는 친절 때문에 불특정 다수가 너무나도 쉽게 '얘가 혹시 나를 좋아하나?'라는 착각을 하게 되기 때문이다. 관심을 끄는 첫 번째 키워드인 '호기심 자극'이 자연스럽게 만들어지는 것이다.

'나는 친절한데도 왜 인기가 없지?'라는 생각을 한다면 다음 네 가지를 체크해 봐야 한다.

① 불쾌감을 줄 만큼 외모 관리에 소홀한 편이다.

② 친절이 지나치게 과한 편이라 굽신거리는 것처럼 보일 때가 있다.

③ 관심 있는 사람에게만 선택적으로 친절한 편이다.

④ 친절을 베푼 후 보상이나 칭찬을 기대하게 된다.

이 넷 중에서 하나라도 해당된다면 친절은 매력으로 전환되지 않는다. 그러니 기왕 할 거면 우리 제대로 해보자.

인기는 매력이 된다

만약 유명한 사람에게 온라인으로 메시지를 받게 되면 어떤 기분이 들까? 회사의 대표님이 개인적으로 찾아와 수고했다는 말을 건네면 어떤 기분을 느끼게 될까? 유명인이 자신을 알아봐 줬다는 생각에 들뜨고, 동기들에게서 인정을 받았을 때보다 대표의 인정에 더 큰 감동을 받게 될 것이다. 이처럼 같은 말이라도 누가 하느냐에 따라 인정과 소속 욕구의 충족이 달라지게 된다.

이러한 충족 욕구의 상대적 만족도는 단순히 사회에서뿐만 아니라 연애에도 똑같이 적용된다. 그래서 사람들이 모인 그룹에서 높은 위치에 있는 것만으로도 누군가에게 다가갈 때 더 쉽게 호감을 얻을 수 있는 것이다.

이 높은 위치는 회사 내에서의 계급, 사회에서의 권력이나 자산 또는 외모로 만들어지기도 하지만 더 쉽게는 사회성, 즉 사람들이 자신을 따르고 좋아해 주는 것으로도 만들어질 수 있으니 어렵게 생각하지 말자.

감정적인 사람의 매력

늘 감정적인 타입은 사람을 피곤하게 만들지만 긍정적인 감정과 부정적인 감정을 구별하여 드러내기만 한다면 이들은 순식간에 매력적인 사람이 된다.

부정적 감정(우울, 불안, 분노 등)의 표출은 듣는 사람을 힘들게 만들지만, 긍정적 감정(행복, 기쁨, 즐거움, 설렘 등)은 듣는 사람까지도 즐겁게 만드는 시너지 효과를 불러일으킨다.

이렇게 감정은 타인에게 전이가 되므로 긍정적인 사람과 함께 있으면 덩달아 기분이 좋아지는 변화를 느낀다. 또한 감정의 표현이 많은 사람을 보며 마치 자신이 그 행복감을 만들고 있다는 착각을 하게 되는데 이 만족감으로 인해 상대와 계속 함께 있고 싶다는 생각을 하게 된다.

당당함은 호기심을 부른다

주변에서 종종 높은 자존감을 가진 사람을 만나게 될 때가 있다. 대체 어떤 것을 보고 상대의 자존감을 읽을 수 있었을까?

사람은 의도하지 않아도 자신감 있는 모습과 사람을 대하는 태도, 가치관을 비롯한 삶의 방식 같은 포괄적인 영역으로 타인의 자존감을 가늠하게 된다. 그러니 좋아하는 사람에게 자존감 높은 사람의 당당한 매력을 보이고 싶다면 소극적인 태도를 멈추고 최소한 자기 취향과 생각을 제대로 전달하는 연습부터 시작해야 한다.

예시①

남: 어디 가고 싶은 곳 없어?

여: 아무 데나 괜찮으니까 네가 하고 싶은 거 하자. 넌 뭐하고 싶어? (×)

→ 그렇지 않아도 오늘은 좀 걷고 싶었는데 우리 공원에 가서 좀 걸을까? (○)

예시②

여: 넌 올해 뭐 해보고 싶었던 거 없었어?

남: 그냥 쉬고 싶다는 생각밖에 안 해봤는데? 집콕? (×)

→ 난 이번에 영어 공부 다시 시작하고 싶었는데 더 늦기 전에 학원 알아보려고 며칠 전부터 후기 찾아보고 있었어. (○)

간혹 자신의 취향이 전혀 없다거나 상대가 좋아하는 것을 맞춰주기 위한 배려로 "아무거나.", "네가 좋아하는 걸로 하자." 같은 수동적인 대답을 하는 사람들이 있다. 이러한 태도는 마치 어떠한 것도 기대하지 않는 것처럼 비치게 된다. 또한 선택권을 떠넘기는 행동을 반복할수록 상대는 모든 것을 혼자 결정해야 한다는 부담감을 느낄 수밖에 없다. 의도가 어떻든 간에 결과적으로 무성의하고 피곤하게 만드는 사람이 되어버리고 마는 것이다.

자존감이 높은 사람들이 공통적으로 가지고 있는 것이 바로 주체성인데 이것을 제대로 드러내기 위해서는 데이트 중 흔히 듣게 되는 취향에 관련된 질문에 주저 없이 대답할 수 있도록 준비하는 것이 좋다. 취향이 없는 사람이라 해도 핸드폰 메모장에 좋아하는 음식, 그 메뉴를 맛집, 해보고 싶었던 데이트 3가지 정도를 적어두면 필요할 때 요긴하게 컨닝할 수 있다.

유혹은 대화로 시작된다

평소에는 문제가 없는데 좋아하는 사람 앞에서는 어떻게 행동해야 할지, 어떻게 대화를 리드해야 할지 몰라서 어설픈 말로 마이너스를 찍어버리는 이들이 있다. 사람은 동물과 달리 언어를 사용하기 때문에 말은 외적인 매력만큼 중요하다.

경계를 낮추는 스몰 토크

상대에게 부담을 느낄까 봐 다가가기를 망설인 경험이 있다면 부담을 주지 않는 대화의 시작을 알아두는 것이 좋다. 낯선 사람에게 다가갈 때 또는 가깝지 않은 사람에게 말을 걸 때 상대에 관한 직접적인 질문을 하면 거부감을 살 수도 있으니 제3의 것을 주제로 하는 스몰토크를 시작해 보자.

예시①

남: 어? ○○ 씨, 노트북 바꿨어요? 나도 요즘 사려고 알아보고 있었는데 이건 어디 거예요?

여: 산 건 아니고 오래전부터 쓰던 건데, 삼성이에요.

남: 삼성이나 엘지 거를 많이 쓰긴 하더라. 데스크톱보다 노트북이 편하긴 하죠?

여: 전 둘 다 쓰는데 확실히 노트북은 들고 다니기가 좋죠.

예시②

여: 얼마 전에 인스타그램에 올린 카페 혹시 대구에 있는 곳이에요?

남: 아, 맞아요. 우리 동네에 새로 생긴 곳.

여: 거기 너무 내 스타일이라서 대구에 있으면 가보고 싶었는데 어딘지 물어봐도 돼요?

남: 삼덕동 카페 골목에 새로 생긴 곳인데 이름이 ○○카페예요.

여: 거기, 커피는 뭐가 맛있어요?

남: 저는 아메리카노 마셨는데 나쁘진 않았어요.

여: 여름엔 아아가 딱 이긴 하지. 커피 좋아하나 봐요?

이렇게 상대가 알고 있는 정보 또는 상대의 물건에 대해서 이야기를 시작하면 훨씬 더 담백하게 친밀감을 쌓을 수 있다. 이러한 스몰 토크는 낯선 사람과 처음 대화할 때에 상대의 경계심을 빠르게 낮추며 공통점을 찾을 수 있는 기본적인 대화 스킬이므로 꼭 기억해 두기로 하자.

QAQ 법칙

대화하기 가장 어려운 사람 중에 하나가 질문을 받아먹기만 하는 유형이다. 지나친 경계심에 철벽을 치든, 사회성이 부족해서 대화를 이어가기 어렵기 때문이든 이유 불문하고 이들은 질문에 대답만 하는 태도로 진땀을 흘리게 만든다.

이때 대화를 이어가기 위해 더욱더 많은 질문을 하는 사람이 있는데 이 행동은 결코 좋은 방법이 아니다. 한쪽에서 질문만 쏟아내는 것을 우리는 대화가 아니라 취조라 부르기로 하지 않았던가. 이런 상황에 가장 적절한 것은 상대가 생략한 질문에 대한 대답을 하는 QAQ 법칙이다.

남: 어떤 음식 좋아해요? (Q: 질문)

여: 저는 파스타 좋아해요. (생략된 질문 : OO씨는 뭐 좋아해요?)

남: 어? 나는 파스타보다는 피자 쪽인데. 크림과 토마토 중에서 취향은 어느 쪽이에요? (AQ: 대답과 질문)

여: 둘 다 비슷한데 저는 크림 쪽! (생략된 질문 : OO씨는요?)

남: 오 나도 토마토보다 크림이 더 좋더라고요. 난 아직 주변에서 맛있는 파스타 집을 못 찾았는데 괜찮은 데 알아요? (AQ: 대답과 질문)

여: 강변 쪽에 맛있게 잘하는 식당이 있어요. OOOO이라고.

상대가 되묻지 않아도 생략된 질문에 대답하고 다음 질문을 던지면 자연스러운 대화가 가능해진다.

이렇게 대화를 어느 정도 진전시키다 보면 상대가 연락을 이어가기 싫어서 무신경한 반응을 하고 있는 건지, 낯을 가린 탓에 어색해하는 것인지를 금세 알아차릴 수 있게 된다.

상대의 말문을 틔우는 육하원칙

경청이 소통의 기본이라는 말이 괜히 나온 게 아닌 것처럼, 사람은 자신의 이야기를 많이 털어놓게 될수록 상대를 가깝게 여기게 된다. 하지만 가만히 있는 사람에게 알아서 자신의 이야기를 털어놓는 이가 몇이나 되겠는가. 그래서 경청을 위한 대화 리드를 알아두는 것이 좋은데 이때 필요한 게 바로 육하원칙(누가, 언제, 어디서, 무엇을, 어떻게, 왜)이다.

여: 아침 챙겨 먹는 편이에요?

남: 간단하게 뭐라도 먹는 편이에요, ○○ 씨는요?

여: 저는 아침잠이 많아서 잘 걸러요. 간단한 거라면 빵 같은 거 말하는 거예요? (무엇)

남: 네. 토스트도 자주 먹어요. 주스만 마시고 갈 때도 있고.

여: 나도 아침에 뭣 좀 만들어 보려고 했는데, 주스 괜찮다. 부모님이 만들어 주는 거예요? (누가)

남: 아뇨. 제가 만들어요. 다들 바쁘시니까.

여: 아 해독주스 같은 걸 만드는 건가? (무엇)

남: 그런 것도 있고 요즘에는 토마토가 제철이라서 박스로 사 놓고 만들어서 마셔요.

여: 나도 도전해 봐야지. 그거 아침에 만들려면 일찍 일어나겠네요? (언제)

이것을 알려주면 육하원칙 따라 여섯 가지의 연관된 질문을 무조건 만들 수 있다고 생각하는 사람들이 많다. 하지만 대화 주제나 상황에 따라 그보다 적어질 수 있으니 개수에 크게 연연하지는 말자.

처음에는 어렵게 느껴질 수도 있지만 몇 번만 반복하다 보면 눈 깜짝할 사이에 익숙해질 것이다. 이 화법을 활용하여 한 가지 주제와 관련된 다양한 질문을 하면 상대는 자신의 이야기를 경청하고 있음을 느끼게 되고 대화의 참여도가 더욱 높아지게 된다.

그 사람의 진짜 속 마음이 뭘까?

애매한 신호에 코드 맞추기

호감을 표현하는 방법은 사람마다 차이가 있다. 관심 있는 사람에게 유난히 살가운 태도로 대하는 사람이 있는가 하면, 짓궂게 놀리면서 자신의 호감을 표현하는 사람도 있다. 서로가 공적인 자리에서 만난 관계라면 눈치채기 어려울 만큼의 미약한 호감 시그널을 보내기도 한다. 이렇듯 호감을 표현하는 방식이 사람마다 다른 탓에 '좋아하면 헷갈리게 하지 않는다.'라는 말을 맹신하며 타인의 감정을 섣불리 단정하는 것은 좋지 않다.

그렇다면 애매하게 구는 상대의 마음을 어떻게 확인할 수 있을까? 이때 가장 효과적인 방법은 바로 상대의 행동을 똑같이 돌려주는 것! 일명 폭탄 돌리기가 딱이다. 자신을 헷갈리게 만들었던 그 행동을 똑같이 되돌려 주기만 하면 된다.

만약 필요할 때마다 먼저 다가와 도움을 주는 것으로 헷갈리게 만드는 사람을 만났다면 "이렇게 매번 받아서 어떻게 해요. 내가 커피라도 살게요. 퇴근하고 약속 있어요?" 하고 도와준 것에 대한 보답을 제시하는 것이 좋다. 호감이 있는 사람이라면 데이트를 할 수 있는 기회를 놓치지 않을 것이고, 단순한 호의에서 도움을 베푼 것이라면 거절을 하게 될 테니 이것으로 상대의 속 마음을 알아차릴 수 있다.

이때 좋아하는 마음을 들키게 될까 봐 걱정할 필요는 없다. 도움에 대한 마땅한 보답을 제시한 것이기에 상대는 진짜 의도를 알아차릴 수 없게 되니까.

아쉬움으로 기회 잡기

만약 상대가 짓궂은 장난이나 일관적이지 않은 행동으로 헷갈리게 만든다면 그들이 당신에게 얼마만큼의 시간적 투자를 하는지 확인하는 것이 좋다.

남: 오늘만 일하면 주말이다ㅜ 너는 이번 주말에 뭐 하고 놀 거야?

여: 놀긴. 낮에 본가에 갔다 와서 과제하고 청소하면 주말 그냥 끝나

남: 뭐야. 바쁘네? 저녁 같이 먹자고 말하려고 했는데….

여: 몇 시에? 저녁에는 시간 있지.

관심 없는 사람을 위해 자신의 개인적인 시간이나, 바쁜 시간을 쪼개 여유를 만드는 일은 드물다. 상대가 자신의 바쁜 일정에 대해 (절대로 미

룰 수 없거나, 중요한 스케줄이 아니라는 전제)이야기를 할 때 만나려고 했는데 아쉽다는 것만 슬쩍 드러내면 된다. 이 말에 호감이 있는 사람이라면 데이트를 하기 위해 자신의 말을 번복하게 되고, 그렇지 않은 사람은 '시간이 날 때', '언제 시간 되면'처럼 기약이 없는 약속을 이야기하게 된다.

이때는 직접적으로 데이트를 신청한 후에 거절당한 게 아니라 못 만날 것이라는 가정하에 아쉬움만 표현한 상황이기 때문에 거절로 인한 어색한 상황은 만들어지지 않으니 괜한 걱정은 하지 말자.

상대를 능동적으로 만들기

남녀 사이에 가장 자주 나오는 질문 중 하나가 전 애인과 관련된 질문인데 이것을 잘 이용하면 상대의 호감을 떠보기가 쉬워진다. 이 떠보기는 자신의 과거 안타까운 연애를 공개하며 상대의 반응을 살피는 것으로 끝이 난다.

예시①

남: 넌, 왜 연애 안 해?

여: 글쎄. 하고 싶다고 다 할 수 있나, 뭐?

남: 그건 그렇지 마지막 연애가 언제였는데?

여: 작년쯤?

남: 나도 그쯤인데. 난 술 자주 마시는 사람이랑은 잘 안 맞나봐. 그걸로 엄청 싸우게 되더라.

여: 맞아. 나도 술 좋아하는 사람 이해가 잘 안되더라.

예시②

여: 요즘 키 큰 여자 좋아하는 남자가 너무 많더라.

남: 키 큰 여자? 난 부담스럽던데.

여: 그럼 넌 여자 볼 때 뭐 보는데?

남: 난 예쁜 건 내 눈에만 예쁘면 되고, 코드를 봐. 대화가 잘 맞는 사람이 좋더라. 여자들은 뭐 보는데?

여: 다 그런지는 모르겠는데 난 연락이 얼마나 잘되나 이런 거를 보게 되더라. 전에 연락이 잘 안되는 것 때문에 헤어졌거든.

남: 연락은 사귈 때 기본으로 하는 거 아니야? 난 늘 묻기 전에 얘기해 줬던 것 같은데.

이런 대화를 할 때 호감을 갖고 있는 사람이라면 얼마나 이상형에 가까운 사람인지를 드러내려고 할 테니 이것으로 상대의 호감을 빠르게 알아챌 수 있다.

애매하게 구는 상대를 사로잡기

썸을 타다가 연애로 발전하는 것이 자연스러운 순서지만 간혹 둘 사이가 루즈해지면서 연애로 진입하지 못하고 모호한 사이로 계속 유지되는 일이 생기기도 한다. 이런 일이 일어나는 이유는 다음과 같다.

- 상대의 감정에 확신이 없을 때
- 연애할 목적을 상실했을 때
- 더 좋은 연애 대상자를 만날 수 있다는 생각을 하게 됐을 때
- 과도한 책임감과 관계의 의무감으로 부담을 느낄 때

이때는 그 사람을 확실하게 사로잡는 특단의 조치가 필요하다.

낮은 진입장벽 오픈

연애를 시작할 때 남친(여친)에 대한 무거운 책임감과 특정 관계에 대한 의무감을 필요 이상으로 느끼는 사람들이 있다. 이것은 결혼 적령기라고 하는 나이대에서 흔히 발생하게 되고 이 외에도 이전 연애의 경험과 어린 시절의 영향 등 다양한 이유가 존재한다.

이유가 뭐가 됐든 여기에 해당하는 사람을 만났다면 거창한 연애를 기대하고 있는 것이 아님을 알려주는 것이 급선무다.

예시① 산책하면서

여: 걷는 거 좋아해요?

남: 싫어하는 편은 아니에요. 운동도 되고.

여: 나는 걷는 거 좋아하거든요. 데이트할 때도 거창하게 시간 맞춰서 여행하는 것보다 같이 저녁 먹고 잠깐씩 같이 걷는 게 훨씬 좋더라고요.

예시②

남: 어떤 스타일 좋아해요?(이상형이 뭐예요?)

여: 코드가 잘 맞는 사람이 제일 좋은 것 같긴 해요. ○○ 씨는요?

남: 나는 그냥 자기 전에 전화해서 하루 있었던 일을 얘기해 줄 수 있는 그런 사람이 좋더라고요. 의외로 별거 없죠?

'코드가 잘 맞는 사람, 말을 예쁘게 하는 사람, 내 눈에 예쁘고 잘생긴 사람' 처럼 듣는 쪽에서 명확하게 파악하기 어려운 이상형을 말하는 것보다 '그 정도는 내가 충분히 해줄 수 있다'고 생각할 만한 것을 말하는 것이 연애 전의 부담감을 낮출 수 있는 방법이다.

썸과 연애는 다르다

공부를 하지 않아도 좋은 대학에 갈 수 있다면 과연 누가 공부를 할까? 돈을 벌지 않아도 먹고사는 데 문제가 전혀 없다면 일하는 사람이 몇이나 있을까?

연애도 하나 다를 바가 없다. 자유로운 스킨십, 감정적 친밀감과 안정적인 애정처럼 연애를 해야 충족될 수 있는 모든 것을 썸을 탈 때 누릴 수 있다면 굳이 연애를 하고 싶다는 생각을 하는 사람이 몇이나 되겠는가. 이것이 썸을 탈 때 상대가 바라는 모든 것을 충족시켜주지 않아야 하는 이유다.

요즘 '자만추'라는 말은 '자연스러운 만남 추구'가 아니라 '자보고 만남 추구'라는 뜻으로 더 많이 쓰인다. 누군가는 잠자리가 맞지 않았을 때를 대비한 효율적인 연애 방식이라 여길 수도 있겠지만 동등한 크기의 감정을 가지고 있는 것이 아니라면 연애를 하기 전에 섹스를 하는 것은 추천하지 않는다.

서로 간에 느끼는 이성적 매력은 성적 욕구로 확장되는데 썸에서 이러한 욕구 충족이 일어나는 순간, 연애의 목적 중 하나가 상실하게 된다. 물론 충분히 매력적이라면 사귀기 전에 하는 섹스가 연애로 발전하는 데 큰 걸림돌이 되지 않지만 자신의 매력이 뭔지 알지 못하는 사람이나 상대를 좋아하는 마음이 큰 경우라면 얘기는 달라진다. 자고 난 후에 '혹시 변하지 않을까?' '어젯밤이 별로였던 건 아니겠지?'라는 불안한 마음으로 눈치를 보는 행동이 무매력함을 만들고 이로써 잘나가던 썸에 브레이크가 걸리게 되기 때문이다.

그러니 안전하게 썸에서 연애로 발전하고 싶다면 앞서 말한 스킨십을 포함한 신체적, 정서적 애정 표현을 할 때 관계에 맞는 적정선을 지키는 것으로 지나친 만족감을 주지 않는 것이 필요하다.

인정은 연애고자도 춤추게 한다

상대가 자신을 어떻게 생각하는지에 대해 알 수 없을 때, 호감이 있는지에 대해 확신을 가지지 못할 때 관계를 쉽게 진전시킬 수 없게 된다. 자신의 감정을 제대로 드러내지 못했거나, 불안감이 높은 사람을 만나고 있다면 보다 명확한 행동으로 좋은 감정을 가지고 있음을 전달하는 것이 좋다.

만약 데이트 중, 친구에게 전화가 왔다면 그 사람 앞에서 "나 지금 데이트 중이니까 방해하지 마. 들어가서 연락할게."라고 전화를 끊어 보자. 주변 사람에게 이성을 만나고 있음을 알리는 것만으로도 상대는 자신의 존재를 인정받는 기분을 느끼게 된다.

사람에게는 누구나 인정 욕구가 있으며, 이것이 충족되었을 때에 큰 자신감을 얻게 된다. 만나는 사람에게 자신감을 심어줌으로써 관계를 빠르게 발전시키는 것은 단순히 썸을 탈 때뿐만 아니라 친구 사이에서 감정이 생겼을 때도 매우 효과적이다. "나, 여자(남자)랑 데이트 중이니까 나중에 연락해."라는 말로 상대를 이성으로 보고 있다는 것을 전달함과 동시에 지금의 만남이 방해받고 싶지 않을 정도로 즐겁다는 것을 알릴 수 있으니 꼭 써먹어 보기로 하자.

무엇보다 강력한 한방

인정하기 싫겠지만 썸이 길어지는 가장 큰 이유는 썸남(썸녀)에게 연애가 하고 싶어질 만큼의 끌림을 주지 못했기 때문이다. 만약 만나는 사람이 미적지근한 태도로 일관한다면 무작정 시간을 보내고 있을 게 아니라 강력한 한방으로 상황을 역전시켜야 한다.

예시①

남: 보통 얼마나 만나고 사귀는 편이야?

여: 글쎄 난 사람을 좀 천천히 알아가는 편이라서.

남: 정말? 근데 그 말은 사귈 만큼 그 사람이 좋지 않을 때 많이 하지 않나? 천천히 알아간다고 그 사람을 다 알 수 있으면 세상에 지인한테 사기당하는 사람이 어디 있겠어.

예시②

여: 너, 사람 신중하게 알아보고 사귀는 편이라는 그런 말 혹시 자주 하지 않았어?

남: 글쎄 해 본 것도 같고. 왜?

여: 아니 보통 연애할 때 생각 많고 이것저것 따지는 사람들이 그런 말 많이 하잖아. 너도 그런 쪽인가 싶어서.

남: 아니. 난 연애할 때 머리 굴리는 건 별론데.

여: 그럼 다행이고 나도 복잡한 거 싫어하는 편이거든.

이렇게 정곡을 찔러 당황하게 만들어야 한다. 자신이 이리저리 재고 있다는 것을 상대가 눈치챘다는 것을 알게 되면 대개 당황스러워하며 자신의 행동을 부정하려고 애쓴다. 자신이 그렇지 않은 사람임을 증명하기 위해 지금까지 보였던 어중간한 태도를 멈추게 되는 것이다.

이 방법은 애매한 태도를 보이는 사람을 가장 확실하게 바꾸는 방법이지만 썸에서부터 확실한 '을'의 위치에 있었다면 되려 강한 반발심을 불러일으키게 되니 주의하는 것이 좋다.

짝사랑의 성공률을 높이는 행동 수칙

나는 SOLO

솔로들은 주변에 잠재적 연애 대상자가 있다는 사실만으로도 상대를 눈여겨보게 되고 관심을 가지게 된다. 그러니 지금 짝사랑을 하고 있는 중이라면 현재 연애를 하고 싶다거나, 연애가 가능한 상태라는 것을 드러내는 것부터 시작하자.

- "요즘 소개팅으로 만나는 사람이 많긴 하던데 나는 그것보단 자연스럽게 만나는 게 좋더라."
- "전엔 누굴 만나야겠다는 생각을 해본 적이 없었는데 요즘 부쩍 그런 생각을 하게 되더라. 날이 좋아서 그런가."

이렇게 가벼운 대화 속에서 자신이 현재 만나고 있는 사람이 없다는 것을 알리고, 연애에 대해 긍정적인 생각을 가지고 있다는 것을 드러내면 된다. 조금 더 가까운 사이라면 아래와 같이 자신이 꽤 괜찮은 연애 대상자라는 것을 전달하는 것도 방법이다.

- "나는 음식 만드는 거 좋아해서 도시락 싸 가지고 소풍 가는 데이트를 너무 해보고 싶던데, 아직도 못 해봤잖아."
- "요즘 캠핑 많이 가던데… 다음에 나도 여자(남자) 친구 생기면 그거 꼭 해보려고."

존재감 드러내기

대기업들이 많은 돈을 들여 광고를 하는 이유는 자주 노출될수록 호감이 상승하는 '단순 노출 효과' 때문이다. 이 심리작용은 마케팅뿐만 아니라 사람과 사람이 만났을 때도 동일하게 적용되지만 말 한마디 붙이지 못한 채로 주변만 얼쩡거린다면 효과를 제대로 볼 수 없다.

그러니 '유혹은 대화로 시작된다(P.136)'의 경계를 낮추는 스몰토크를 참고하여 말을 건네던가, 적절한 타이밍에 필요한 도움을 주는 것으로 자신의 존재감을 알린 후에 마주치는 빈도를 늘려주는 것이 좋다.

호감이 싹트는 틈 열기

남: OO씨 주말 잘 보내셨어요?

여: 전 친구들 만나고 남은 일도 좀 하고 보냈어요. △△씨는요?

운 좋게 관심 있는 사람이 먼저 다가와 말을 걸었을 때 위와 같이 일상적인 대화를 하는 것도 그리 나쁘지 않다. 하지만 기왕이면 이런 기회가 찾아왔을 때 연애가 가능한 상태나 자신의 장점, 매력을 알게 만드는 것이 더욱 좋다. 그저 친구들을 만나고 일을 하는 하루를 보냈다는 말 대신 "요즘 친구들이 다들 연애한다고 바빠서 저는 그냥 운동 갔다 와서 혼자 놀았어요." 운동으로 자기 관리를 하는 사람임을 드러내는 동시에 주변 사람들이 연애를 시작한 탓에 씁쓸한 기분을 느끼고 있는 상태를 전달하여 상대가 쉽게 다가오게 만드는 것이 좋다.

상대가 맞추게 만들기

애써 의식하지 않아도 사람은 본능적으로 친해지고 싶은 사람이 생기면 서로 닮았다는 것을 드러내기 위해 그 사람의 행동을 무의식적으로 따라 하고 동조하게 된다. 하지만 이것이 지나치게 되면 금세 식상한 캐릭터가 되고 만다. 이런 불상사를 막기 위해 필요한 것이 바로 공감 깨기다.

대립하는 입장으로 공감을 깨는 방식을 택할 때는 상대와 같은 범주를 좋아하지만 세부적인 항목에 의견 차이를 보이는 것이 가장 좋다. 이를테면 맛집을 찾아다니는 것을 좋아하는 공통점을 가졌으나 선호하는 메뉴의 차이를 보인다던가, 운동을 좋아는 취향에 동조하되, 상대와 다른 스포츠를 좋아한다는 것처럼 말이다.

이렇게 공감을 깨는 것이 "맞아! 맞아. 나도 그래" "그치? 나도 그렇게 생각하는데"라는 공감보다 높은 주체성을 드러내며 매력적으로 보일 수 있다.

사람은 자신에게 다 맞춰주는 사람을 사랑하는 것이 아니라, 자신이 맞추고 싶은 사람을 사랑한다는 것을 잊지 말자.

예시①

남: △△씨는 어떤 음식 좋아하세요?

여: 저는 파스타 같은 거 좋아해요. ○○ 씨는요?

남: 저는 집밥을 좋아해서 밖에서 사 먹을 때도 한식을 먹는 편이에요. △△씨는 비빔밥 같은 거 안 좋아해요?

예시②

여: 너 혹시 이상형 같은 거 있어?

남: 난 대화 잘 통하는 사람? 그거 말곤 생각해 본 적이 없는데. 너는?

여: 대화 잘 통하는 사람도 좋은데 난 그것보다 주변에 여사친 많은지 먼저 보게 되더라.

사람이 붙는 장소는 정해져 있다

10대와 20대 중반까지는 친목을 도모하는 일에 열성적이라 일상에서도 쉽게 이성을 만날 수 있지만 20대 후반 이상이나 연애 휴식기가 길었던 사람은 막상 누군가를 사귀고 싶어도 어디서 사람을 만나야 할지 몰라 막막해할 때가 많다. 실전의 연애를 담았다고 하면서 원하는 사람을 만날 수 있는 장소를 알려주지 않는 것은 있을 수 없는 일! 이제 원하는 사람을 찾아 나설 때가 왔다.

단톡방 · 오픈채팅방 · 소모임에서 유혹자로 살아남기

자연스러운 만남을 추구하는 사람이 가장 쉽게 접할 수 있는 것이 바로 모임이다. 취미를 공유할 수 있는 사람을 만나고 싶다면 플레이스토어에서 다운받을 수 있는 '소모임' 앱을 통한 활동을 추천한다. 번거로운 가입 인사와 승인 절차가 싫다면 카카오톡의 검색 창에 자신의 지역을 입력하여 오픈채팅방을 찾을 수도 있다.

소모임 앱과 오픈채팅방, 둘 다 단톡방을 운영하고 있으며 여기서 사람들과 친목을 도모할 수 있고 수시로 오프라인 모임이 열리기 때문에 일상이 즐거워지는 +α까지 얻게 된다.

처음에야 조금 어색하겠지만 오프라인 만남에 두어 번만 참석하면 금방 친해질 수 있으니 미리 겁먹지 말자. 더욱이 이런 곳은 새로운 사람이 들어오고 나가는 일이 잦기 때문에 빠르게 자리 잡을수록 새로 들어온 신입 회원의 호감을 사기도 쉬워진다. 친목을 도모하기 위해 가입은 했지만, 온통 낯선 사람뿐인 단톡방에서 자신에게 신경 써주고 살뜰히 말 걸어준 사람에게 호감을 갖지 않기도 어려울 테니까.

진정한 자만추가 시작되는 곳

만약 연애와 운동 두 가지를 모두 충족시키고 싶다면 남녀 비율이 한쪽으로 치우친 주짓수, 유도, 요가, 필라테스 같은 운동 대신 남녀가 모두 선호하는 스포츠를 선택해 보자.

20대부터 다양한 연령대가 즐기는 골프나 테니스, 배드민턴처럼 여럿이 어울릴 수 있거나 함께 해야 하는 운동을 하는 것이 좋다. 이런 운동을 통해 누군가와 가까워진다면 게임이나 연습을 같이하자는 명목으로 데이트를 만들기도 한결 편해진다.

처음 배우는 사람이라 연습장이나 센터를 등록해야 한다면 오후 7시 전후에 직접 방문해서 상담을 받아보길 바란다. 스포츠센터나 연습장마다 회원들의 평균 나이대와 성비가 저마다 다르기 때문에 사람이 가장 많이 모이는 퇴근 시간대에 상담하러 가보면 이용하는 회원들의 평균 나이대를 빠르게 파악할 수 있다.

기왕 마실 술이라면 기회가 닿는 곳에서

클럽이나 헌팅포차처럼 가벼운 만남에 목적을 두는 장소는 연애 대상자를 만나기에 적합하지 않지만 평범한 술집에서 우연히 만나는 것이라면 그리 나쁘지 않다. 그러니 기왕 친구들과 술자리가 있다면 남자는 여자들이 선호하는 유명한 감성 맛집으로, 여자는 남자들이 선호하는 회사 근처의 수수한 술집으로 가 보자.

하늘은 스스로 돕는 자를 돕는다

독실한 신앙심을 가지고 있는 사람들 중에는 자신의 연애 상대가 같은 종교를 가진 사람이길 바라는 사람도 있고, 나아가 자신의 미래 며느리나 사위가 될 사람도 같은 종교인이길 바라는 경우도 있다.

과거에 가깝다는 이유로 몇 번 찾아가게 된 성당에서 나이가 지긋한 신자님들과 친해진 적이 있었는데 이분들이 끊임없이 소개팅을 주선해 주시는 바람에 거절하느라 진땀을 뺀 기억이 여전히 생생하다.

무교에 가까운 터라, 당시에 청년 예배 시간이 별도로 있다는 것을 몰랐기에 일어난 해프닝이지만 주변에서도 교회나 성당에서 알게 된 어르신들을 통해 지금의 애인을 만나게 됐다는 이야기를 종종 듣는다. 그러니 천주교나 기독교인이라면 다른 예배 시간에 참석을 하든, 종교 단체에서 하는 봉사 활동에 참여하든 같은 교회나 성당의 어르신들과 친분을 쌓을 기회를 만들어 보자. 소개팅은 저절로 열리게 될 테니까.

타인의 인맥을 적극 활용하기

종교를 통해 기회를 만드는 것에 양심의 가책을 느낀다면 친구의 여친(남친)을 소개하는 자리에 참석해 보는 것도 좋다. 새로운 인맥을 쌓을 여력이 없다면 타인의 인맥을 기회로 만들면 되는 일!

솔로인 친구들은 자기 앞가림하느라 바빠서 괜찮은 사람을 소개해 줄 가능성이 적지만 연애를 시작한 친구는 다르다. 연애의 시작으로 마음이 여유로운 그들은 기꺼이 새로운 사람을 연결해 줄 테고, 친구가 직접 주선하지 않더라도 그들의 애인이 소개팅을 주선할지 누가 알겠는가. 그러니 친구의 애인을 소개받는 자리나 친구의 결혼식에는 기쁜 마음으로 가보자.

05

매·력·은 권·력·이·다

인기 많은 사람에게 접근하기

내 눈에 괜찮아 보인다면 남들의 눈에도 괜찮아 보이기 마련이라 매력적인 사람들 주변에는 늘 경쟁자가 많다. 주변에 득실거리는 하이에나들을 제치고 그 사람의 마음을 사로잡고 싶다면 '예측하지 못한 접근' 이것만 기억하면 된다.

여기서 제시한 방법은 평범한 사람을 포함하여 낮은 자존감을 가진 사람, 사회성이 낮은 사람, 여유가 없는 사람, 외모 콤플렉스가 있는 사람에게는 경우에 따라 역효과가 날 수 있으니 조심하자.

츤데레가 빛난다

관심 있는 사람 앞에서는 남녀 불문하고 모두가 친절하고 다정한 모습을 보이게 된다. 일반적인 사람들에게 이러한 친절과 다정함은 호감을 불러일으키기 충분하지만 인기 많은 이들에게는 그리 효과적이지 않다.

인기 많은 사람에게 접근할 때는 그들이 가장 익숙하게 받아온 친절을 베푸는 것이 아닌, 다소 무신경해 보이는 츤데레 같은 방식이 훨씬 더 큰 반응을 부른다. 그들은 경험해 보지 못한 타인의 낯선 태도에 의아함을 느끼게 되고, 상대의 무뚝뚝한 태도를 자신에게 익숙한 친절로 바꾸기 위해 당신의 호감을 사려는 행동을 하게 될 것이다.

경쟁심을 자극하라

갑작스러운 인생 역전을 한 게 아니라면 인기 많은 사람들은 꾸준히 매력적인 상태를 유지해 왔을 것이다. 학교든, 모임에서든 일상에서 사람들의 높은 관심과 이목을 끌어왔던 사람들은 다른 사람들에 비해 박탈에 굉장히 큰 자극을 받는다. 이것을 이용하면 상대가 예측하지 못한 접근할 수 있다.

예를 들어, 다수가 모인 자리에서 상대를 포함한 모든 사람을 똑같은 태도로 대하거나, 타인에게 베푸는 친절과 동일한 크기의 친절을 상대에게 베푸는 것으로도 박탈감은 쉽게 만들어 낼 수 있다. 일반적인 기준에서 이러한 것들은 큰 자극이 되지 않지만 어디서든 가장 많은 관심과 집중을 받아왔던 이들에게는 이러한 사소한 차이가 크게 와닿게 된다.

조금 더 강하게는 다른 이성에게 유독 친절한 모습을 보이는 것으로도 상대를 의식하게 만들 수 있는데 이 모든 것들이 당사자에게는 예측하지 못한 상황으로 다가오게 되는 것이다.

[박탈감을 이용한 예측하지 못한 접근]

① 다른 사람들과 동일하거나 다소 적은 관심 표현

② 다른 이성에게 더 많은 관심 표현

③ 경쟁 구도 만들기

다른 사람에게 베푸는 친절도 55%

인기 많은 사람에게 베푸는 친절도 65~70%

경쟁 구도가 될 이성에게 베푸는 친절도 65~70%

박탈을 단순히 무신경한 태도나 비호감이라고 생각해서는 안 된다. 다른 사람들보다 '더' 많은 관심을 주되, 경쟁자보다 '살짝 덜'하거나 같은 크기의 관심을 주는 것이 적당하며 이 관심의 격차는 친절, 질문, 리액션, 대화의 적극성으로 만드는 것이 좋다.

돌아간다고 실패한 것은 아니다

연애로 발전하는 일반적인 패턴은 처음부터 상대에게 이성으로 다가간 뒤, 친밀감을 만들고 점차적으로 감정을 키워가는 순서를 거친다.

이것이 최단기간 연애에 성공하는 방법이지만 인기 많은 그들의 마음을 사로잡을 자신이 없거나, 스스로의 매력에 확신이 없는 상태라면 친구에서 연인으로 발전하는 우회적인 방법을 선택하는 것이 좋다.

이때는 관심 있는 사람에게 사심 없는 태도로 다가가서 친밀감을 만든 후, 둘 사이가 가까워졌을 때 이성적인 매력을 드러내는 과정을 거치며 관계를 발전시키면 된다.

간혹 이런 방법을 제시했을 때 그저 친구 사이로만 남게 될까 봐 불안해하는 사람들이 있는데 미리 걱정할 필요는 없다. 주변에서 어렵지 않게 친구로 알고 지내다가 사귀게 된 커플들을 흔히 볼 수 있지 않던가. 이처럼 이성 친구는 불완전한 우정을 나누는 사이기에 '친구에서 연인으로(P.205)'에 나오는 방법으로 감정은 충분히 발전시킬 수 있다.

- 빠르게 다가가기 (2주~1달)

  이성적인 매력 ⇒ 친밀감 형성 ⇒ 헌신

- 천천히 다가가기 (1달 이상)

  친밀감 형성 ⇒ 친구 사이의 신뢰 ⇒ 이성적인 매력

친구에서 연인으로 발전하는 방법은 다소 시간이 걸린다. 하지만 사심 없는 태도로 접근하면 상대의 부담감이나 거부감을 불러일으키지 않기 때문에 밥을 먹거나, 차를 마시는 가벼운 만남을 쉽게 만들어 낼 수 있다는 큰 장점을 가지고 있다.

무사히 친구로 가까워진 후에는 연애 대상으로서 자신이 얼마나 괜찮은 사람인지를 드러내는 것이 필요하다.

예시①

남: 친구가 어제 고백한다고 말하는 거 듣고 예전에 내가 흑역사 쓴 거 계속 생각나더라.

여: 무슨 흑역사? 뭔데? 말해 봐.

남: 작년에 좋아하는 애한테 고백할 거라고 걔가 좋아했던 가수의 콘서트 티켓까지 예매해 가지고 같이 보고 고백했는데 단칼에 거절당했거든. 그때 매진된 거 구하느라 암표 파는 사람들 찾아다닌 거 생각만 하면… 어휴.

→ 계산적이지 않고 많은 애정을 들여 줄 수 있는 사람임을 암시

예시②

여: 혹시 남자들은 여자들이 좋아하는 티를 내면 싫어해?

남: 글쎄… 어떤 식으로 티가 났느냐가 중요하지 않을까? 갑자기 그건 왜?

여: 갑자기 예전에 썸남한테 도시락 싸주고 그랬던 게 생각나서 그냥 물어봤어ㅋㅋ

→ 상대에게 호감을 들키지 않으면서 다정하고 여성스러운 매력 오픈

친구에서 연인으로 발전하려는 경우에는 충분히 가까워지기 전까지 좋아하는 마음을 드러내지 않는 것이 좋다. 하지만 이성적으로 접근하는 사람이 많이 겪어 본 이들은 눈치가 빨라서 노력한다고 해도 호감을 들킬 가능성이 높다.

만약 호의적인 태도는 보이되, 호감을 감출 자신이 없다면 과거에 좋아했던 사람이나 현재 관심이 있는 사람이 있다는 말을 덧붙여 티 나지 않게 자신의 장점을 상대에게 알리면 된다.

이러한 방법은 자신에게 이성적인 감정을 느끼지 못하는 상대에게 다가갈 때, 주변에 경쟁자가 많은 사람의 마음을 움직일 때만 효과적이라 여기에 해당하지 않는 상황에서는 상대에게 먼저 관심을 드러내며 다가가는 쪽을 택하는 게 훨씬 좋다는 것을 기억하자.

더 이상 을의 연애는 없다

아무리 서로에게 진심이라 해도 지금까지 다르게 살아온 두 사람이 단숨에 잘 맞기가 어디 쉽겠는가. 그래서 썸을 타는 순간부터 시작해서 사귀는 동안 서로의 선을 알아가고 수용하며 맞춰가게 되는데 안타깝게도 을의 연애를 반복하는 사람들에게는 이러한 과정이 생략되어 있다. 상대를 놓치기 아쉬워하는 마음에 일방적으로 취향에 맞추려고 애를 쓰다가 결국 을이 되고 마는 것이다. 이렇게 반복되는 가슴 아픈 연애를 졸업하기 위해서는 썸을 타기 전부터 상대와 동등한 위치 동등한 위치를 유지하는 방법을 알아둬야 한다.

자신의 가치를 어필하게 하라

을의 연애를 하는 사람은 상대에게 요청이나 요구를 하는 것을 지나치게 어려워한다. 혹시 필요 이상의 요구로 귀찮은 사람이 될까 봐, 질리게 만드는 사람이 될까 봐 걱정하는 마음은 충분히 이해하지만 무조건 상대의 입장에서 생각하고 맞추는 행동은 두 사람의 동등한 관계를 무너뜨리고 상, 하의 구조를 만들어 내게 된다. 그래서 무작정 참는 게 아니라 자신의 의사 전달을 함으로써 서로 맞추고 수용하는 것이 좋은 관계를 위해서도 꼭 필요하다.

요구에는 '-해 달라'라고 직접적으로 전달하는 방식과 간접적인 방식이 있는데 이번에 알려줄 것은 간접적인 방식에 해당한다. 이러한 방법은 직접적으로 이야기하는 것보다 상대로 하여금 불쾌감을 느끼게 만들지 않고 자연스럽게 맞추도록 만들 수 있다.

남: 나는 사귀는 사람한테 음식 만들어 주는 거 되게 좋아하는데 너처럼 먹는 게 좀 까다로운 사람을 만나면 왠지 타박 당할 것 같아. 상상만 해도 좀 서운하다.

여: 에이 내가 그 정도까지는 아니지. 대체 나를 어떻게 본 거야?

이처럼 '입맛 까다로운 사람은 별로니까 좀 바꿔'라고 직접적으로 말하는 것보다 '너처럼 입맛이 까다로운 사람을 만나면 타박을 당할 것 같다'라는 미래의 상황을 예측한 말로 간접적 요구(그 정도까지는 까다롭지 않다고 해줘)를 전달하면 된다. 이때 부정적 프레임을 강하게 씌우지 않는다면 크게 감정이 상할 일도 만들어지지 않을뿐더러, 상대는 의식하지 못한 채로 요구에 응하게 된다. 이렇게 관계를 위해 적은 노력을 들이게 하는 것으로도 연애를 할 때 상, 하의 위치 또는 갑과 을이 나뉘지 않는다.

예시①

여: 주말까지 일하는 것 보면 일이 되게 많으신가 봐요?

남: 아, 욕심이 많다 보니 자꾸 많아지네요.

여: 일 욕심 없는 것보다 있는 게 훨씬 보기 좋아요. 근데 그렇게 바쁘면 데이트 할 시간이 없겠어요. 그래서 연애 못 한 거 아니에요?

남: 아니, 원래는 진짜 안 바빴는데 이번 주에 하필… 다음 주면 다시 한가해집니다. 진짜예요. 저도 일만 하고 살진 않아요.

→ 자신이 연애를 못 할 만큼 바쁜 사람은 아니라는 것을 드러내게 된다.

예시②

남: 퇴근하고 보통 뭐 하세요?

여: 달리 하는 건 없는데… 넷플릭스 보기 정도? 메리 씨는요?

남: 저도 영화 좋아해서 넷플릭스 끼고 살았는데, 그러다 보니 허무하게 시간만 죽이는 기분이 들어서 요즘엔 운동하러 다녀요.

여: 맞아. 좀 그렇긴 하죠. 저도 운동하려고 생각만 했는데 조만간 등록해야겠다, 진짜.

→ 자신의 가치를 드러내기 위해 생활을 개선할 의지를 보이게 된다.

상대가 원하게 만드는 스킨십

스킨십을 할 때도 센스 있게 요구하고 상대가 행동하게 만들 수 있다. 한두 번 만난 사이에서 데이트할 때 "자, 팔짱!" 하면서 자신의 팔을 굽혀 팔짱을 끼기 좋은 자세를 만들어 보여준다거나 "아, 손 시리다. 손!"이라고 말하면서 손바닥을 펴 보이면 된다.

한쪽에서만 리드하는 것이 아니라 상대방이 스스로 움직이게 만드는 것이 포인트다. 이렇게 요구에 응하는 행동을 하게 만듦으로서 주도권을 잡을 수 있고 상대 또한 스킨십에 응하는 순간 자신이 원했다는 생각을 하게 되기 때문에 관계에 긍정적인 영향을 가져온다.

요즘의 밀당은 다르다

사람은 성공할지 실패할지 뻔히 보이는 일보다 될 듯 말 듯 한 일에 더 매달리게 된다. 누가 봐도 이미 자신에게 빠져있는 이에게 잘 보이려 애쓰지 않고, 자신을 거절할 게 뻔한 사람에게도 선뜻 다가갈 마음을 먹지 않는다. 하지만 상대가 넘어올 듯 말 듯 하다면 어떨까? 이미 충분히 경험해 본 적이 있을 테니 대답은 생략하겠다.

이러한 사람의 심리로 마음을 움직이는 게 바로 밀당이다. 이제 알 듯 말 듯 한 태도로 원하는 사람의 마음을 사로잡아 보자.

당신의 밀당은 틀렸다

많은 사람들이 밀당을 할 때 당기고 밀어야 한다는 것을 몰라 실패하고 만다. 자신의 마음은 하나도 드러내지 않으면서 좋아하는 사람에게 불안과 긴장감만 유발하는 '밀고+당기기'를 하니까 생각처럼 되지 않는 것이다.

진짜 밀당은 상대에게 호감을 보이며 관계 발전의 가능성을 드러낸 후에, 모든 것을 허용하지 않는 태도로 좋아하는 사람을 안달 나게 만드는 게 핵심이다.

요즘의 밀당은 속도전

사랑이라는 감정의 본질은 바뀌지 않지만 시대가 바뀌는 속도에 맞춰 연애의 트렌드는 달라진다.

밀당 또한 마찬가지로 점자 변화했는데 과거 부모님이 연애하던 시절에는 약속 장소에 한두 시간 늦게 나타나는 것으로 만나는 사람을 기다리게 만들었다면 좀 더 가까운 과거에는 카톡 답장을 한두 시간 늦게 하는 것으로 상대를 기다리게 만들었다. 하지만 요즘 이렇게 느긋한 밀당을 하다가는 연애는 고사하고 썸조차 제대로 탈 수 없게 된다.

모든 것이 빨라진 시대, 밀당도 분 단위로 빠르게 만들어져야 한다.

- 난 사실 걷는 거 별로 안 좋아하는데(밀기), 이렇게 다니는 건 또 다르네. 괜히 설렌다(당기기). 날이 좋아서 그런가?
- 난 사실 술을 안 마셔서 술 마시는 남자는 안 만나는데, (밀기) 오빠랑 술 마시고 나서 술자리가 이렇게 재미있다는 걸 처음 알았잖아.(당기기)

이러한 밀당에는 '자신에게 설득당한 사람에게 호감을 느끼게 된다'는 심리적 트릭이 숨어 있다. 원래 걷는 것을 좋아하지 않는 사람이 자신의 요청에 따라 산책을 했고 그로부터 좋은 느낌을 느낀 것, 술자리를 싫어 하던 사람이 자신과 함께한 술자리를 즐겁게 여겨준다는 것에서 만족감을 느끼며 마음이 생기기 시작하는 것이다.

온/오프라인의 온도 차

감정의 크기가 서로 다른 관계에서는 일관적인 태도가 오히려 독이 되기도 한다. 만났을 때는 물론이고, 만나지 않았을 때조차 적극적인 플러팅(flirting)이 이어지게 되면 한쪽이 빠르게 흥미를 잃을 가능성이 높기 때문이다. 이때 서로의 감정적 격차를 줄이기 위해서는 온라인과 오프라인의 각기 다른 태세 전환이 필요하다.

직접 만났을 때는 적극적인 리액션과 대화의 높은 참여도 등으로 호감을 드러내고 서로 만나지 않는 시간에 연락과 카톡을 할 때는 감정을 내비치는 것을 적당히 조절하는 것으로 온라인과 오프라인의 온도 차를 만들 수 있다. 얼마 지나지 않아 이렇게 다른 행동에 상대는 의아함을 느끼게 된다. 이 의문을 해소하기 위해 평소와 다른 적극적인 태도를 보이게 되고 그사이 감정은 자연스레 커지게 되는 것이다.

연락을 기다리게 만들기

사람들이 대개 밀당을 하려는 이유는 자기가 상대의 연락을 기다린 만큼 그 사람도 자신을 기다리길 바라기 때문이다. 그래서 일부러 연락을 늦게 하기도 하고,

"사실은 너한테 할 말이 있었는데….",

"이따가 꼭 할 말이 있어."

처럼 대책 없이 고백을 할 것 같은 분위기를 만들어 놓고 수습을 못 해서 난처한 상황이 벌어지기도 한다.

누구나 한 번쯤 자극적인 제목이 끌려 인터넷 기사를 클릭했다가 별 볼 일 없는 내용에 실망한 적이 있을 것이다. 이와 같이 궁금증을 유발하여 관심을 끌 목적으로 의미심장한 말을 한 뒤, 실속 없는 대화를 이어가게 되면 상대는 실망감을 느끼게 된다. 이러한 감정은 자칫 사람에 대한 실망으로 확장될 수 있기 때문에 기대를 만족시킬 만한 사건이 없다면 함부로 시도하지 않는 것이 좋다.

사람들은 모두 자신에 대한 타인의 평가나 생각에 높은 관심을 가진다. 이것을 이용하면 애써 궁금증을 유발하기 위해 대화의 시작을 거창하게 하지 않아도 원하는 반응을 쉽게 얻어낼 수 있다.

예시①

남: 아, 맞아. 내 친구가 너보고 누구 닮았다 그랬는데… 누구였더라? 배우였는데….

여: 누구?

남: 있어 봐. 다들 잘 아는 배우였는데…. 뭐지? 왜 갑자기 생각이 안 나지? 나도 너랑 되게 닮았다고 생각했는데….

여: 영화배우? 누구? 드라마에 나오는 배우?

남: 기억이 날 듯 말 듯 해서 내가 더 궁금하네. 이따 찾아봐야지.

예시②

여: 나 얼마 전에 드라마 보다가 너랑 되게 닮은 사람 봤는데 이름이 뭐더라…

남: 뭐야 누구였어?

잠깐만. 얼굴은 기억나는데 왜 이름이 기억 안 나지?

남: 네가 본 드라마가 뭐였는데?

여: 드라마 이름도 갑자기 물으니까 기억이 안 나. 내 기억력 왜 이래! 하던 거 끝내고 검색해 봐야겠어.

서로가 가진 호감의 크기가 비슷하다면 굳이 밀당을 할 필요가 없다. 하지만 두 사람 감정의 크기가 다르다면 위와 같은 방법들로 감정적 격차를 줄이는 것이 필요하다.

그러니 카톡 답장을 오 분, 십 분씩 늦게 하는 유치한 방법 대신 상대의 마음을 움직일 수 있는 제대로 된 밀당을 시도해 보자.

상대를 의식하게 만드는 한마디

생각보다 사소한 사건으로 인해 가깝게 지내던 직장 동료가 이성으로 보일 수 있고, 어쩌다 아는 사람에게 관심이 생기는 일도 흔하게 일어난다. 이런 상황에서는 갑자기 평소와 다른 행동을 보이는 것보다 상대가 서서히 의식하게 만드는 것이 가장 좋다.

나랑 똑같이 생각하는 사람은 처음 봤어

누군가가 자신을 반기는 모습에 그 사람이 더 반갑게 느껴졌던 경험을 해본 적이 있을 것이다. 이처럼 호의적으로 대하는 상대의 태도에 똑같이 긍정적인 감정을 품게 되는 것을 '호의의 반보성'이라고 한다. 이 심리적 반응은 단순히 호의에만 한정되는 것이 아니라 모든 감정의 영역에서 일어난다. 그래서 자신에게 비호의적인 태도를 보이는 사람을 싫어하게 되는 것이다.

이러한 심리를 이용하면 말 한마디로도 상대를 의식하게 만들 수 있다.

◉ 와 장난 아니다. 나 방 탈출 처음 해봤어. 이래서 사람들이 돈 주고 이런 데 오는구나. 네가 가자고 안 했으면 올 생각도 못 했을 텐데!

◉ 난 사람한테 내 얘기 하는 게 이만큼 편한 적이 없었는데, 너한텐 이상하게 별 얘기 다 하게 되네?

◉ 나 책 선물은 처음 해보는데 내꺼 사면서 괜히 생각나더라고.

그 사람을 특별하게 여기고 있다는 것을 먼저 드러내기만 하면 된다.

이때는 직접적인 말로 전달하는 것보다, 각별하게 생각하게 됐던 사건이나 만남을 이야기하며 의미만 전달하는 것이 훨씬 효과적이다.

커플처럼 보인다고 하더라?

"너랑 같이 있는 걸 내 친구가 지나가다 봤나 봐. 걔는 우리가 데이트하는 줄 알고 인사도 못 했었대. 우리가 커플처럼 보였나?"

위와 같이 두 사람을 보고 다른 사람이 어떻게 생각했는지를 슬쩍 알리기만 하면 된다. 이것은 친구 사이에서 이성적 호감이 생기기 시작 했을 때에도 자연스럽게 상대를 의식하게 만들 수 있는 방법이 된다.

또는 모임 활동으로 만나 단톡방에 함께 있는 상태라면 제3자가 단톡방에서 "둘이 잘 어울릴 것 같은데."라는 말을 하게 함으로 상대가 당신을 은근히 의식하게 만들 수 있다.

그때 너, 머리 올리고 왔을 때 설렜잖아

거절에 대한 두려움과 사이가 어색해질까 봐 걱정하는 마음 때문에 호감을 드러내기가 망설여진다면 지금 가진 감정이 현재진행형이 아니라 과거형인 것처럼 넌지시 알리면 된다.

- "전에 너, 머리 올렸을 때 있잖아. 그때 나 좀 설렜었잖아."
- "사실 나 예전에 너 좋아하나 진지하게 고민해 본 적 있었다니까."
- "나, 처음 너 만났을 때 안경이 잘 어울린다고 한 적 있었잖아. 그때부터 내 이상형이 안경 쓴 사람으로 바뀌었다니까."

사람은 가질 수 없는 것을 가지지 못했을 때 보다 가질 수 있었던 것을 놓쳤을 때 더 큰 아쉬움을 느낀다.

과거에 호감을 가지고 있었다는 사실을 드러내는 것만으로도 아쉬움을 유발할 수 있고 그것으로 상대는 쉽게 동요하게 된다. 게다가 이미 지나간 일이기 때문에 이러한 이야기를 꺼낸다고 해서 사이가 껄끄러워지지도 않고, 상대가 거절을 할 수도 없는 상황이 만들어진다.

만약 이런 말을 들은 후, 당신을 의식하기 시작했다면 다음에 만날 때 머리를 올리고 나타나거나, 안경을 끼고 나타나게 되니까 상대의 마음까지 빠르게 알아차릴 수 있게 된다.

내가 딱 좋아하는 온도야

상대를 의식하게 만드는 데는 과격한 호감 표현 대신, 가볍게 '다가오면 밀어내지는 않는다'는 것을 암시하는 게 좋다.

예시①

여: 진짜 여름은 너무 싫더라. 열이 많아서 그런가?

남: 난 몸이 차서 겨울이 더 힘들던데.

여: 진짜? 봐봐. (짧게 손등이나 손목 부근에 손을 대며) 와 미쳤다! 나, 이런 온도 진짜 좋아하는데.

예시②

"너, 이런 옷도 있었어? 나, 이렇게 입고 다니는 사람이 진짜 좋아하는데 근데 너도 되게 잘 어울린다."

상대가 가진 특정 행동이나 모습이 자신의 취향과 부합한다는 것을 드러내면 된다. 이러한 대화로 '조금만 다가가면 사귈 수 있겠는데?'라는 희망을 품게 만들면 상대는 적극적인 태도로 다가오게 된다. 사람이란 자고로 '될 것 같은 일'에 가장 큰 에너지를 들이게 되니까.

나의 숨겨진 매력을 찾아라

"저는 매력이 없는 것 같아요."

"제 매력이 뭔지 모르겠어요."

'당신은 원래 매력적이었다(P.130)'에서 타인이 생각하는 자신의 이미지를 알아냈음에도 불구하고 이것을 어떻게 매력적으로 드러내야 하는지를 몰라서 헤매는 사람이 있고, 여전히 자신에 대한 확신을 가지지 못해서 스스로를 드러내기 꺼려 하는 사람도 있다.

이런 이들을 위해 잠재된 매력을 더 크고 다양하게 확장시킬 수 있는 두 가지 방법을 알려주려 한다.

주변을 카피하라

초등학교 다닐 때 부모님이 사다 준 옷만 입다가 현재 나에게 맞는 스타일을 찾기까지 우리는 얼마나 많은 실패를 했었나. 유행하는 옷을 샀

다가 어울리지 않아 실패하기도 하고, 연예인 헤어스타일을 따라 했다가 여러 번 망하기도 했을 것이다. 그런 시행착오가 있었기 때문에 지금 가장 잘 어울리는 스타일을 찾은 게 아닐까.

이렇게 잘 어울리는 스타일을 찾아간 것처럼, 자신의 캐릭터, 이미지, 분위기를 찾아가는 것도 마찬가지다. 아직 스스로의 매력이 뭔지, 어떤 분위기를 가졌는지, 잘 맞는 이미지가 무엇인지 찾지 못했다면 일단 드라마나 영화 속 배우를 카피하면 된다.

잘 맞는 옷을 찾겠다고 세상에 존재하지 않는 디자인을 만들어내지는 않는 것처럼, 잘 어울리는 캐릭터를 찾고 싶다고 해서 머리를 쥐어짜내며 창조할 필요는 없다. 드라마나 영화 속에 등장하는 배우들은 배역에 맞는 사람을 분석하고 연기를 하기 때문에 그들을 카피하는 것만으로도 충분히 효과를 볼 수 있다. '당신은 원래 매력적이었다(P.130)'에서 자신을 표현하는 수식어를 찾았다면 그 수식어와 어울리는 배우들을 먼저 물색해 보자. 그들이 어떤 말투와 행동으로 표현해 내는지를 보고 배우면 빠르게 자신만의 매력적인 캐릭터를 만들 수 있을 것이다. TV나 OTT[8] 만 켜면 언제든 볼 수 있는 참고서가 있는데 굳이 사서 고생할 필요가 뭐 있겠는가.

부캐의 힘

앞서 카피하는 방법으로 자신이 가진 매력을 제대로 드러낼 수 있게

8 Over The Top의 줄임말로 인터넷을 통해 볼 수 있는 TV서비스 (출처:네이버 지식백과)

됐다면 끌림을 느끼고 다가오는 사람이 늘어나기 시작할 것이다. 하지만 여기서 끝내기에는 아직 이르다. 긍정적이고 밝은 매력을 가지고 있는 사람이라면 이것에 끌리는 다른 이들의 마음을 쉽게 얻을 수 있겠지만 그 외에 위태로운 분위기, 진중한 사람, 지적인 이미지에 끌리는 이들의 마음을 사로잡는 데는 여전히 어려움을 겪을 수밖에 없다. 그래서 자신의 내면에 숨겨진 부캐를 찾아내는 것이 필요하다.

사람의 내면에는 다양한 모습이 존재하기 때문에 방법만 알면 어렵지 않게 부캐를 만들 수 있다. 우리에게는 과거에 나름 진지했던 사춘기가 있었고, 열정과 에너지가 넘쳤던 스무 살이 있었으며, 처음 사랑에 빠져서 지극히 감성적이었던 때가 있지 않았던가. 과거가 사라지지 않았듯, 그때 존재했던 모습도 여전히 내면에 남아있다. 그것을 조금만 다듬어서 드러내게 되면 순식간에 깊이 있는 사람, 함께하면 즐거운 사람, 낭만적인 로맨티스트가 될 수 있다.

많은 사람들이 현재의 모습이 자신의 전부라 착각하며 살아간다. 그래서 숨겨진 매력을 찾아내지 못하거나 지금의 삶에 최적화된 평범한 모습을 보고 스스로를 저평가하게 되는 실수를 저지르고 마는 것이다. 하지만 자신의 모습을 현재에 한정하지 않고 과거에 존재했던 다양한 모습들을 제대로 받아들이는 순간 노력하지 않고도 수많은 매력을 얻게 된다는 것을 알아야 한다.

먼저 다가오게 만들기

"MBTI가 뭐예요?"

"어떤 스타일 좋아해요?"

사람을 만날 때 상대가 어떤 성향이고 어떤 취향에 끌리는지를 빠르게 알아낼수록 다가가기 쉬워진다는 것은 누구나 알고 있다. 그래서 상대를 파악하기 위해 다양한 것들을 묻게 되는데 대표적인 것이 MBTI와 선호하는 사람에 관한 질문이다. 하지만 MBTI의 16가지의 성격 유형을 듣고 상대가 어떤 사람인지 단번에 이해할 수 있는 사람이 몇이나 되겠는가. 착하고 예쁜 여자, 든든하고 어른스러운 남자를 선호한다고 말했을 때 정확하게 그 모습을 보여줄 수 있는 사람이 몇이나 되겠는가.

그래서 상대의 성격과 취향은 질문이 아니라 그 사람의 행동과 말투, 이야기를 듣고 파악하는 것이 더 현명하다. 하지만 이것을 빠르게 알아차리기 어렵다면 지금 만나고 있는 사람이 구원형인지 아닌지부터 확인해볼 필요가 있다.

자신보다 연약해 보이거나 위태로운 처지에 있는 사람을 보면 대개는 보호본능을 느끼지만 이것이 모든 사람과 모든 상황에서 동등하게 적용되는 것은 아니다. 어떤 사람은 누군가의 약한 모습을 보고 영웅 심리나 모성애가 자극되어 감정적 친밀감을 느끼기도 하지만 어떤 사람은 그런 모습에 거부감과 심리적 부담감을 느끼기도 한다. 그래서 아직 가깝지 않은 이성을 판단할 때는 약한 모습을 드러내고 다가가는 게 효과적인 구원형인지, 그런 모습을 드러내는 게 오히려 독이 되는 비 구원형인지를 파악하는 것만으로도 훨씬 더 빠르게 감정적 거리를 좁힐 수 있게 된다.

구원형을 알아보는 방법은 의외로 간단하다.

- 첫 만남에서 자기 어필을 많이 하는 사람
- 리더십이나 적극성이 돋보이는 사람
- 자신의 성공담을 자주 꺼내는 사람
- 자신이 극복한 고난과 역경을 타인에게 쉽게 털어놓는 사람

위와 같은 특징이 보인다면 그들은 구원형일 가능성이 높으니 현재 겪고 있는 가벼운 문제를 공유하고 조언이나 도움을 구하는 것으로 감정적 거리를 좁혀 보자.

◉ "난 가끔 회사에서 일하는 것보다 사람 만나는 게 더 피곤하다 싶을 때가 있더라. 넌 그럴 때 없었어?"

◉ "가끔 그냥 별거 아닌데 생각이 많아질 때가 있잖아요. 뭔가 나 혼자만 도태되는 느낌? 얼마 전에 그것 때문에 현타 맞아서 괜히 생각이 많아지더라고요. 그런 얘기를 남한테 하는 성격이 아니라 혼자서 고생 좀 했지. ○○ 씨는 가끔 그럴 때 없었어요?"

사람은 자신의 감정과 행동이 일치되는 상태에서 심리적인 안정을 느낀다. 그래서 가깝게 여기는 사람에게 도움과 친절을 베푸는 것이 어렵게 느껴지지 않고, 되려 그들의 어려운 일을 도와주지 못했을 때 마음이 불편해지게 되는 것이다.

하지만 사람이 어떻게 자기의 감정대로만 행동하며 살아갈 수 있겠는가. 싫어하는 직장 상사의 일을 도와줘야 할 때도 있고, 꺼리는 사람에게 원치 않는 친절을 베풀어야 하는 일도 생기기 마련이다. 이렇게 감정과 행동이 불일치되는 상황이 생기면 무의식적으로 스트레스를 방어하기 위해 행동에 맞게 감정을 변화시키는 '인지적 불협화'가 일어나게 된다. 즉, 친절을 베푼 사람을 덜 싫어하게 되고 도움을 베푼 이에게 호감을 가지게 되는 것으로 감정과 행동을 일치시키는 것이다. 그래서 상대에게 조언과 도움을 구하면서 다가가는 방법은 감정적 거리를 좁힐 뿐만 아니라 호감까지 높이는 효과를 가져오게 된다.

어색할 틈이 없는 대화 주제

낯가림이 심한 사람들은 불시에 찾아오는 침묵에 대한 공포감을 가지고 있다. 이때는 타고난 성격을 바꾸는 것보다 침묵을 깰 수 있는 대화 주제를 몇 가지 알아 두는 도움이 된다. 어색한 정적에 대응할 수 있는 무기가 있다면 언제 어디서 누구와 대화하든 두렵지 않게 될 테니까.

강력한 추측은 상대의 입을 틔운다

다른 사람과 대화를 하면 사람의 기분을 관장하는 뇌의 기관이 활성화되면서 좋은 기분을 느끼게 된다. 이 좋은 기분은 함께 대화를 하는 사람에게로 확장이 되기 때문에 자신의 이야기를 잘 들어주는 사람을 향한 호감도 함께 높아지게 되는 것이다. 하지만 단순히 말을 많이 하게 만드는 것만으로는 계속 만나고 싶은 사람, 특별한 사람으로 보이기가 어렵다. 그래서 추측성 대화로 상대의 이야기를 이끌어 내면서 통하는 느낌을 전달하는 것이 중요하다.

예시①

여: ○○씨 고향이 서울 아니시죠? (강력한 추측)

남: 어떻게 아셨어요?

여: 서울 말투를 쓰시는 것 같지만 뭔가 억양이 살짝 센 느낌이라고 해야 하나? 그런 것 같아서.

남: 아, 맞아요. 사실 제가 고등학교, 대학교 때는 대구에서 살다가 와 가지고… 근데 그게 티가 나요?

여: 저는 딱 들리던데요? 오, 대구? 대프리카 많이 들어봤는데.

남: 맞아요. 저도 서울 살다가 대구에 갔는데 진짜 여름에 덥고 습하더라고요.

예시②

남: ○○서울에서 쭉 사셨죠? (강력한 추측)

여: 네. 그건 왜요?

남: 지방에서 살다 온 사람은 미묘하게 억양이 남아있던데 ○○ 씨는 그런 게 전혀 없어서요. 뭔가 전형적인 보드라운 서울말?

여: 정말요? 그런 얘긴 처음 들어보는데 서울에서 쭉 살긴 했어요.

남: 어쩐지. 그럼 여행은 남쪽 지방으로 많이 갔겠다. 그쵸?

여: 네. 보통 경주나 부산이나….

남: 난, 부산에서 되게 살아보고 싶던데. ○○ 씨는 다른 데서 살아보고 싶었던 적이 없었어요?

여: 아, 저도요. 전에 부산에 여행 갔었는데 거기 되게 좋더라고요.

예시③

여: OO씨는 왠지 추위 많이 탈 것 같아요.

남: 어? 어떻게 알았어요?

여: 몸이 차가운 사람들이 추위를 많이 탄대요ㅋㅋ

남: 맞아. 그런 것 같아요.ㅋㅋ 저번 겨울에도 너무 추워서 밖에 나갈 때 핫팩 끼고 다녔잖아요. 나는 진짜 겨울이 너무 싫더라. 추위 안 타는 편이세요?

이렇게 당신이 생각한 상대에 대해 "이런 사람이 맞죠?"라는 추측을 드러내면 동의나 반박을 하면서 자신의 이야기를 많이 하게 된다. 거기서부터 대화를 확장하면 침묵으로 생긴 어색함은 쉽게 사라진다.

가장 비싸 보이는 것을 스캔하라

채식주의자가 고기를 사기 위해 지갑을 열게 될까? 신발에 관심이 없는 사람이 과연 프리미엄을 주고 한정판 신발을 구매할까? 사람은 자신에게 필요하거나 좋아하는 것을 가지기 위한 지출은 하지만 그게 아닐 때에는 소비를 하지 않는다. 이것이 소비심리의 기본이다. 그래서 상대가 가지고 있는 것 중에 가장 비싸 보이는 물건이나 신경을 쓴 듯한 부분을 찾아내면 낯선 사람의 관심사를 쉽게 알아차릴 수 있다. 헤어스타일에 관심 없는 남자가 시간을 들여 포마드 스타일을 고수할 리 없고, 네일아트에 관심 없는 여자가 돈을 주고 손톱을 가꿀 리 없으니 말이다. 그러니 가깝지 않은 사이에서는 이런 포인트를 빠르게 알아차리고 그 물건에 관한 주제로 대화를 리드하는 것이 좋다.

여: 어? 시계 뭐야 되게 예쁘다.

남: 아 이거 전에 생일에 산 거예요.

여: 시계 좋아하나 봐요? 나는 이상하게 시계 끼고 있는 사람들 보면 뭔가 좀 멋있어 보이는 느낌이 있더라고요.

남: 그렇죠? 저도 그렇더라고요. 저도 사실 좋아해서 끼는 거지, 필요해서 끼는 건 아니예요.ㅋㅋ

여: 저도 가끔 이 옷에는 왠지 시계가 있어야 할 것 같을 때만 껴요

남: 어 맞아요 나도 진짜 그런데ㅋㅋ 나랑 비슷한 사람이 있구나.

사람은 반대에 흥미를 느낀다

취미를 즐기는 사람들이 늘면서 여행에 관련된 이야기는 티키타카를 만드는 주제로 자주 등장하는데 이런 대화를 할 때 단순히 경험과 여행지에 관한 얘기에서 그치는 것보다 "계획을 세워서 여행하는 편이에요?" 같은 질문으로 상대의 성향도 함께 읽어내는 것이 유용하다.

일이든, 데이트든 평소에 계획을 세워서 행동하는 사람을 보면 여행에서도 맛집이나 숙소, 관광지 등을 찾고 미리 스케줄을 짜는 일관성을 보이며 여기에 해당하는 사람은 자신이 가지지 못한 즉흥적인 데이트와 자유분방한 스타일에 흥미를 크게 느낀다. 반대로 즉흥적인 여행을 즐기는 유형은 계획적으로 움직이는 이들에게서 믿음직하고 든든함을 느끼

게 되는데 이런 반대되는 성격의 차이를 드러내는 것으로도 매력 어필과 대화의 적극성을 함께 만들어 낼 수 있다.

MBTI 실전 활용 편

대화를 하다 보면 10명 중 8명꼴로 MBTI에 관한 질문이 등장하게 되는데 이런 주제가 나왔을 때, 제대로 활용하지 못하는 사람들이 많다.

나쁜 예

메리 씨는 MBTI가 뭐예요?

저는 ENTP예요. OO 씨는요?

저는 ESFJ예요.
주변에 ENTP은 없는 것 같은데…
저녁은 먹었어요?

위와 같은 패턴으로 대화를 했던 사람들은 다음에 기회가 찾아왔을 때 카톡 채팅창에서 '#ENTP(상대의 MBTI) 빙고'를 검색하여 보내 보자.

이렇게 검색하면 해당 MBTI와 관련된 키워드 25가지가 빙고 판처럼 정렬되어 뜨게 되는데 이것으로 대화를 쉽게 확장할 수 있는 것은 물론이고 보다 정확하게 상대의 성격적 특성을 파악할 수 있다.

좋은 예

메리 씨는 MBTI가 뭐예요?

저는 ENTP예요. OO 씨는요?

저는 ESFJ예요.
이거 엔팁이라는데, 진짜 이래요?

[ENTP 빙고]

개솔직	골고루 잘하는데 특출나게 잘하는 건 없음	중립적	시끄러움	기초적인 실수할 때 있음
하나에 집중 못 함	그림 그리기나 글 쓰기를 함	관심 좋아함	자극적인 거에 끌림	"내가 말했지ㅋ"
고집 세다	어휘력 풍부	ENTP	공감능력 떨어짐	생각이 입 밖으로 나옴
리더 or 총대 메기 극혐	객관적이려고 애씀	충동적임	토론을 즐김	살짝 사회 계층 중시하는 면이 있음
반항적	확고하다	아이디어 무궁무진	"난 항상 옳아"	시작만 하고 끝내지를 않음

검색결과 더보기

몇 개는 맞고 몇 개는 아닌 것 같고….

궁금하다. 아닌 건 뭐예요?

혁명가? 이건 좀 아닌 것 같은데.

오, 나서는 것보다 묻어 가는 쪽인가 봐요?

그런 것 같은데, 솔직한 것도
아닌 것 같아요!

뭐야! 사람 좋게 봤는데 진짜.
뭘 속인 거예요? 말해 봐요.

이렇게 떠도는 흥미 위주의 빙고 판이 얼마나 신뢰성이 높은지는 알 수 없으나 대화가 훨씬 더 재미있어지고 상대가 자신에 관한 이야기를 더 많이 할 수 있는 기회를 만드는 것은 분명하다. 이 외에도 상대가 사고형(T)이냐 감정형(F)이냐에 따라 심리적인 거리를 좁힐 수 있는 유용한 질문을 택할 수도 있다. 상대의 MBTI가 사고형(T)이라면

"친구가 무려 두 달 동안 썸을 탔는데 아직 고백을 못 받았다는데, 대체 그 남자는 무슨 생각일까요?"

라는 질문처럼 생각이나 의견에 관해 묻는 방식으로 접근하면 대화가 잘 통한다는 느낌을 줄 수 있고, 비슷한 주제라도 상대가 감정형(F)인 경우에는

"친구가 두 달 동안 썸을 탔는데 아직 떨려서 고백을 못 하겠대. 고백 전에 콩닥콩닥한 그거 되게 옛날에 느껴본 것 같은데 너도 그런 적 있었지?"

'너의 과거는 어땠니?'라는 식의 질문하는 것이 좋다. 이제 MBTI의 특징을 포털에 검색하고, 유튜브에서 MBTI 유형별 접근법을 찾기 위해 상대에게 묻는 것이 아니라 대화의 티키타카를 만드는 데 유용하게 써 보도록 하자.

우연한 만남을 바라고 있다면,

적어도 그 우연이 닿을 수 있는 곳으로 가는 노력은 들여야 하지 않을까?

06

차·이·를 이·해·하·면 마·음·이 읽·힌·다

사내연애에 성공하는 은밀한 방법

사내 연애는 거꾸로 간다

성공하기만 한다면 월급과 연애를 한 번에 잡을 수 있는 장점을 가진 사내 연애지만 섣부르게 감정을 드러냈다가 거절을 당하게 되면 꽤 난처한 상황이 벌어지고 만다. 그래서 반복적으로 가는 곳에서 좋아하는 사람이 생겼다면 외부에서 사람을 만나는 것보다 훨씬 더 조심스러운 방식으로 다가가야 한다.

● 일반적 연애 패턴

우연한 만남 ⇒ 연락처 교환 ⇒ 연락을 통한 친밀감 ⇒ 데이트 ⇒ 만남을 통한 친밀감 ⇒ 썸 ⇒ 연애

● 사내 연애에서 안전한 연애 패턴

만남을 통한 친밀감 ⇒ 사적인 자리에서의 만남 ⇒ 번호 묻기 ⇒ 연락을 통한 친밀감 ⇒ 썸 ⇒ 연애

일반적인 연애 패턴을 보면 소개팅이나 우연한 만남을 통해 서로 연락처를 주고 받게 되고, 데이트를 하면서 관계가 점차적으로 발전한다. 하지만 반복적으로 가는 곳에서 관심 있는 사람이 생겼다면 충분히 가까워진 후에 연락처를 받는 것이 좋다.

이 두가지의 접근의 차이를 이해했다면 사랑과 월급을 모두 지키는 구체적인 전략을 세워보자.

시작은 존재감부터

소개팅 같은 일대일 만남에서는 원하든 원하지 않든, 마주 보고 있는 대상에게 집중할 수밖에 없기 때문에 존재감을 알리는 일이 그리 중요하지 않다. 하지만 다수가 모여 있는 곳이라면 '이곳에 나라는 사람이 있다'는 것을 알리는 것부터 시작해야 한다. 원하지 않아도 자주 만나게 되는 상황을 이용하여 가벼운 눈인사부터 업무상의 이야기로 이곳에 당신이라는 존재가 있음을 알리도록 하자. 이 외에도 혼자 먹기 민망하다는 이유로 간식을 나눠줘도 좋고, 시험 범위나 업무에 관해 질문을 하거나, 펜이나 메모장을 빌리는 것으로도 존재감은 충분히 드러낼 수 있다. 다시 한번 말하지만 이 모든 것은 온라인으로 하는 게 아니라 직접 대면한 상태에서 시도해야 한다.

특별한 사람으로 남기

이렇게 존재감을 알리고 가벼운 친분을 만들었다면 직장 동료 중에서 특별히 친한 사이, 학교에서 다른 친구들보다 조금 더 가까운 사이로 발전해야 한다. 이때 좋은 방법은 자신이 상대를 친밀하게 여기고 있음을 먼저 보여주는 것이다.

팀으로 구성된 회사라면 편의점에서 다양한 종류의 커피를 사 와서

"종류가 많아서… 메리 씨는 어떤 걸 좋아해요?"

라고 물어보라. 이처럼 다른 사람보다 상대에게 선택권을 먼저 주는 것으로도 특별히 가깝게 여기고 있음을 간접적으로 드러낼 수 있다. 또는 툭하면 히스테리를 부리는 직장 상사나 교수님에 대해 가볍게 험담하는 걸로도 가까워질 수 있다.

선 만남, 후 번호 받기

회사에서 좋아하는 사람에게 번호를 성급하게 묻지 말라고 했던 이유는 간단하다. 어차피 내일이면 만나는 사이에 굳이 연락처를 묻는다는 게 사적인 시간에 연락을 하고 싶을 만큼 호감이 있다는 뜻이 되기 때문이다. 만일 상대가 관심조차 없는 상태라면 이 행동이 큰 부담을 느끼게 만들 수 있다. 그래서 사내 연애는 회사에서 직접 마주치면서 친밀감을 충분히 만들어 놓은 후에 연락할 수 있는 수단을 묻는 것이 더 안전하다.

공적인 공간에서 친해지는 데는 한계가 있어서 퇴근 후, 학교가 끝난 후 외부에서 만날 기회를 만드는 것이 좋은데 이때 제3자를 끌어들이면 상대가 수락할 확률이 더 높아지게 된다.

남: ○○씨, 요 앞에 일식집 새로 생긴 거 알아요?

여: 아, 얼마 전에 회사 앞에 오픈한 거 봤어요.

남: 거기 가 봤어요?

여: 아뇨. 아직 안 가봤는데.

남: 잘 됐다! 거기 김 주임이랑 가기로 했는데 ○○씨도 같이 가요.

여: 아, 좋죠.

만약 이때 거절당해도 의기소침할 필요는 없다. 다음번의 기회를 만들면 되니까 말이다.

남: 전에 김 주임이 ○○ 씨 같이 안 왔다고 서운해하더라. 다음번엔 같이 가요.

여: 네! 다음엔 같이 가요.

이렇게 언젠가의 제안에 대해 수락을 먼저 받아내면 된다. 이 전의 제안에서 거절했던 상대는 두 번째의 거절이 어려워지는 데다 약속 날짜가 명확하지 않으므로 승낙할 확률이 높아진다.

이 외에도 카풀, 퇴근길에 버스나 지하철 정류장에 동행하는 것으로 짧은 외부 만남을 만들어 낼 수 있다. 친절을 베푼다는 명목으로 한두 번의 만남을 만들어 낸 뒤 상대의 반응이 호의적이라면 연락처를 물어봐도 좋다. 하지만 번호를 얻었다고 해서 함부로 목적 없는 연락을 시도하는 것은 섣부른 행동임을 기억하자. 아직 완벽한 타이밍은 오지 않았다.

예시①

여: ○○ 씨, 어디에 산다고 했죠?

남: 저, 건대 쪽에 살아요.

여: 안 그래도 내일 그 근처에 약속 있는데 ○○ 씨가 그쪽에 산다고 했던 것 같아서.

남: 아, 그러시구나. 거기 술집 많긴 해요.

여: 어차피 가는 길인데 내일 안 불편하면 같이 타고 가요.

예시②

남: 지금 비 엄청 오던데 밖에 봤어요?

여: 아, 진짜 엄청 쏟아지네.

남: 버스 타고 다니죠? 나, 버스정류장 쪽으로 지나가는데 가는 길에 내려줄까요?

여: 그래도 괜찮아요?

남: 어차피 가는 길인데 뭐. 혹시 갑자기 야근하게 되면 연락 줘요. 번호가 뭐예요?

최적의 타이밍은 지금

상대가 호감을 보이는 게 아니라면 의미 없는 연락을 시도하는 것보다 기회를 잡을 수 있는 최적의 타이밍을 노려야 한다. 눈치 없이 다가갔다가 이때까지 한 일을 수포로 만들 수는 없으니까.

자주 만나게 되는 학교나 회사에서는 좋아하는 사람의 상황이나 기분

을 빠르게 알아차릴 수 있는데 이것을 적극 활용하여 힘든 일이 있거나 침울해 보일 때

"회사 생활 힘들죠? 퇴근하고 이 앞에 맥주 한잔하러 갈래요?"

"오늘 좀 힘들었죠? 마음 쓰지 말고 잘 들어가요. 고생했어요."

라고 위로를 하는 자리를 만들어도 좋고, 위로의 말로 카톡을 보내봐도 좋다. 상대의 위기는 우리의 기회라고 하지 않았던가. 마음이나 멘탈이 흔들릴 때는 누구라도 의지할 곳을 찾게 되고 그런 상태의 자신에게 다가오는 사람한테 마음을 쉽게 열게 된다. 이러한 사내 연애 패턴을 선택하면 성급하게 다가가서 어색한 사이가 되는 것을 미연에 방지할 수 있다.

철벽남·철벽녀를 무너뜨리기

내가 좋아하는 사람이 나를 좋아하게 되는 일이 기적 같은 일이라는 말이 괜히 나온 것이 아니다. 주변 커플들만 봐도 두 사람의 감정이 동일하게 커지는 경우보다 한쪽에서 먼저 감정이 생기는 일이 더 흔하지 않던가.

서로 호감은 있으나 그 크기가 다르다면 밸런스를 맞추는 것으로 충분히 해결이 가능하지만 자신에게 이성적 호감을 전혀 보이지 않는 사람을 좋아하게 됐을 때는 조금 더 특별한 유혹이 필요하다.

그들이 철벽을 치는 이유

호감을 가지고 다가간 상대로부터 무관심한 반응을 받게 되면 상대의 취향과 자신이 부합하지 않는다는 비관적인 생각을 가장 먼저 하게 된다. 하지만 철벽에는 생각보다 다양한 이유가 존재한다.

철벽의 4가지 이유

① 헤어진 옛 남친(여친)을 잊지 못한 경우

② 그들이 만나고 싶어 하는 스타일이 아닌 경우

③ 경제적·시간상으로 연애할 여유가 없는 경우

④ 과거 연애의 상처로 사람을 만나기를 꺼리는 경우

여유는 철벽도 흔들리게 만든다

헤어진 애인을 잊지 못해서 다가오는 이성을 꺼리게 되는 사람이나 시간적·경제적으로 빠듯한 삶을 사는 사람에게 접근할 때는 조급함을 버리는 것이 관건이다.

철벽을 치는 사람은 대개 이성적으로 다가오는 이에게 적극적인 반응을 보이지 않는데 이런 반응에 조급해진 사람들은 더욱 적극적으로 데이트를 유도하게 된다.

예를 들어, 좋아하는 감독에 관해 묻다가 다음날 개봉하는 영화를 보러 가자고 하고, 점심 메뉴에 관해 이야기를 하는데 주말에 만나자고 하고, 취미 얘기로 시작해서 드라이브 제안으로 끝내는 등 어떤 주제가 나와도 만남을 만들어내려는 목적이 뚜렷하게 보이는 대화를 한다는 것이다. 자신에게 호감을 보이는 사람에게는 이런 대화로 만남을 유도하는 것이 문제가 되지 않지만, 철벽녀·철벽남에게는 오히려 역효과가 난다.

그들에게 다가갈 때는 무작정 만나자고 하는 것보다 상대가 만남을 원하는 '틈 열기'를 할 때 데이트를 제안하는 것이 좋다.

데이트를 기다린다는 뜻의 틈 열기

- "아, 주말에 약속이 취소됐는데 뭐 하고 놀아야 하지?"
- "보고 싶었던 영화가 어제 개봉했는데 평이 엄청 좋더라. 궁금하게."
- "요즘 친구들이 데이트하느라 나는 아는 척도 안 해."
- "배고픈데 뭐 먹지? 1인분은 시켜 먹기도 진짜 애매하더라."
- "오늘 집에서 쉬려고 했었는데 막상 아무것도 안 하니까 심심하네."

연애할 마음이 없는 상태에서는 이성적인 감정으로 접근하는 사람들이 모두 부담스럽게 느껴지지만 만남이나 연애의 목적을 드러내지 않은 채 호의적으로 접근하는 사람에게는 친근하게 대하게 된다.

철벽남·철벽녀는 연애를 하고 싶어 하지 않을 뿐, 전반적인 인간관계를 포기한 사람들이 아니다. 그들도 친구나 지인과 함께 밥 먹고, 차 마시는 일상을 보내기 때문에 호의적인 접근으로 부담을 주지 않으면 만날 기회는 충분히 만들 수 있다. 그 만남으로부터 자신이 얼마나 괜찮은 사람인지 드러내면 되는 것이다.

연애는 절대 한쪽의 일방적인 감정으로 만들어지지 않는다. 그러니 한 박자 기다리며 가장 좋은 타이밍을 노려보자.

감격하게 하라

철벽남·철벽녀 중에는 과거의 상처로 인해 다가오는 이들을 지나치게 경계하는 사람이 있는데 여기에 해당하는 유형이 가장 난도가 높다.

단순히 철벽을 치는 행동만으로는 이들을 구별하기 어렵기 때문에 평소 상대의 행동을 유심히 보고 판단하는 것이 현명하다.

경계심이 강한 유형의 특징

- 타인에게 의존하거나 도움을 받는 것을 지나치게 꺼린다.
- 감정의 변화가 극단적이다.
- 타인의 사소한 친절과 호의에도 의심한다.
- 감정적으로 거리를 좁히려는 사람에게 지나친 방어적 태도를 보인다.
- 짙은 화장이나 공격적인 어투로 자신이 강하다는 것을 보이려고 한다.
- 자신의 잘못을 인정하지 못하거나, 남 탓이 심하다.
- 불평, 불만이 많고 까다롭다는 생각을 하게 만든다.
- 타인의 평가에 지나치게 과민 반응한다.
- 처음에는 높은 자존감을 가진 것으로 보이지만 알고 지낼수록 낮은 자존감을 가진 사람의 태도를 보인다.

위의 특징에 다수가 해당한다면 상대는 경계심이 강한 유형일 가능성이 높다.

여기에 해당하는 사람들은 자신이 상처받지 않기 위해 타인을 의심하고 경계하기 때문에 감정적 거리를 좁히기가 쉽지 않다. 하지만 이들의 철벽을 무너뜨리는 접근 방법은 존재한다. 이 유형은 '헌신 ⇒ 친밀감 형성 ⇒ 이성적 매력' 순으로 접근하는 것이 가장 효과적이나 안타깝게도 연애가 만들어지는 과정 중에 가장 긴 시간을 필요로 한다.

여기서 헌신은 모든 걸 다 해주는 것을 뜻하는 게 아니라 친구 관계를 지속해서 유지하며 탄탄한 신뢰를 얻거나, 장기간 좋아한다는 감정을 표현함으로써 상대가 감정적으로 자신을 해치지 않을 거라는 판단을 하게 만드는 과정을 담고 있다. 이렇게 헌신으로 상대의 탄탄한 신뢰를 얻게 되면 그리 어렵지 않게 마음을 사로잡을 수 있게 된다.

이 방법은 마음의 상처로 인해 철벽을 치는 이들에게는 유용하지만 간혹 이러한 핑계로 어장을 치는 이들도 존재한다. 그러니 이러한 사람들을 구별할 수 있는 안목이 중요하다.

친구에서 연인으로

남자와 여자 사이에 과연 우정이 존재할 수 있을까? 이성애를 지향한다는 전제하에 남녀 사이의 우정은 언제나 변할 수 있는 가능성을 가지고 있다. 낮에 만나서 커피 한 잔을 마시며 수다를 떠는 것으로 그 우정은 쉽게 흔들리지 않겠지만, 유난히 외로움이 느껴지는 늦은 밤 함께 하는 드라이브에서도 마음이 흔들리지 않을 거라고 장담할 수 있는 사람은 몇 없을 것이다. 그러니 친구가 이성으로 느껴진다 하더라도 불편하게 여길 필요가 없다. 어차피 남녀 사이에 영원한 우정은 없으니까. 이제 쓸데없는 걱정을 시간에 그 사람을 어떻게 사랑에 빠지게 만들지 생각하기로 하자.

친구로 끝나라는 법은 없지

남사친과 여사친 사이는 이성적인 호감이 없을 뿐, 이미 인간적인 호감과 친밀감이 기반된 관계다. 서로에게서 어떤 매력이나 장점도 느끼지 못했다면 친구라는 관계로 묶일 수도 없었을 테니 말이다. 그래서 친구 사이에서 감정이 생겼을 때는 호감이나 친밀감을 더 얻는 것보다 연애로의 발전 가능성을 알려주며 상대가 의식하게 할 필요가 있다.

- "나는 소개팅은 별로 안 좋아하는 편이야. 그냥 알고 지내다가 사귀게 된 게 대부분이라서."
- "생각해 보면 나는 늘 친구 사이였다가 사귀게 된 경우가 많은 것 같아."

위와 같이 친구에서 연인으로 발전한 자신의 연애 패턴을 드러내는 것으로 둘 사이에 연애 가능성이 열려 있다는 것을 상대방에게 전달할 수 있다.

알고 보면 꽤 괜찮은 사람이야

서로가 좋은 사람인 것은 알고 있지만 이성적인 매력이 부족했을 때 친구로 남는 경우가 많다. 그래서 친구에서 연인으로 발전할 때는 자신이 남자로서, 또는 여자로서 얼마나 매력적인 드러내는 것이 무엇보다 중요하다. 하지만 오랜 기간 친구로 지낸 탓에 갑작스럽게 태세를 전환하기 어렵다면, 이성적 매력 대신에 연애 대상자로서의 가치를 드러내는 방법으로 관계의 전환을 시도해 보자.

- "나는 좋아하는 사람이 생기면 뭐든 다 해주고 싶어 하는 편이거든. 그래서

전에 연애할 때는 여자 친구가 야근하는 날에 늘 야식 셔틀을 했었는데…."

- "나는 아무래도 사람들 챙기는 거 좋아하나 봐. 예전에 남자 친구의 부모님 선물도 설하고 추석마다 챙겨가지고 되게 예뻐하시고 그랬는데…."
- "나는 전에 크리스마스 서프라이즈로 되게 어렵게 좋은 호텔 예약해 뒀는데 그날 차인 적 있었어. 그때 진짜 예약한다고 엄청 힘들었는데 지금 생각해도 씁쓸하네."

이렇게 연애할 때 얼마나 괜찮은 사람이었는지, 만나는 사람에게 얼마나 잘해 주던 사람이었는지를 과거의 경험으로 전달하면 된다. 사람마다 연애 스타일이나 지향하는 바가 다르기 마련이라 만약 상대의 연애 스타일을 잘 알고 있다면 그것을 이루어 줄 수 있는 사람임을 드러내는 것이 좋다. 친구로 지내온 시간 동안 쌓인 신뢰가 있기 때문에 이러한 어필은 단순히 상대를 유혹하기 위해 하는 겉만 뻔지르르한 말이 아니라 진정성 있게 상대에게 전달될 것이다.

섹슈얼하게 다가가라

서로 발전할 수 있는 가능성도 드러냈고 얼마나 괜찮은 연애 대상인지도 알렸다면 설렘, 떨림, 미묘한 긴장감을 조성하기 위해 스킨십을 이용하는 것도 방법이 된다.

친구라면 비 오는 날에 우산을 함께 쓰며 어깨를 감싸거나, 좁은 우산 아래에서 팔짱을 끼며 자연스러운 스킨십을 할 수 있다. 그 외에도 멀리 떨어져 있는 물건을 집는 척하며 상대와의 물리적 거리를 좁히는 것도 유사 스킨십의 일종으로 상대의 긴장도를 높일 수 있다.

이렇게 스킨십 또는 유사 스킨십이 어려운 경우라면 칭찬을 이용해서 묘한 분위기를 만들어 내는 것도 가능하다.

"처음 너랑 알 때부터 생각했는데 넌 입술이 진짜 예쁜 것 같아."

입술은 사람의 얼굴 중 가장 섹슈얼한 부위이고, 키스를 연상하게 한다. 이 칭찬은 어떤 분위기에서 어떤 말투로 하느냐에 따라 담백하게 또는 농도 짙게 전달될 수 있다.

똥차를 벤츠로 만드는 법

'나에게 똥차였던 사람도 누군가에게는 벤츠가 된다'라는 말을 한 번쯤 들어본 적이 있을 것이다. 이 말을 증명이라도 하듯 주변을 살펴보면 연애를 하고 나서 더 좋은 방향으로 변하게 된 사람을 어렵지 않게 찾아볼 수 있다. 평소에 우울하기만 하던 사람이 누군가를 만난 후로 밝게 변한다던가, 다혈질이었던 사람이 연애를 시작하고부터 다정하게 변하는 경우처럼 말이다.

이처럼 사람은 어떤 상황에서 어떤 사람을 만나느냐에 따라 더 나은 방향으로 바뀌기도 하고, 반대로 더 나쁜 방향으로 바뀌기도 한다.

만약 현재 만나고 있는 사람과 헤어지고 싶지는 않지만, 상대가 가진 단점으로 인해 연애가 행복하지 않다면 그저 참고 있지 말고 상대를 변화시켜보자.

자주 화내는 사람을 길들이는 법

누군가로부터 신체적, 감정적, 금전적 피해를 보면 분노하는 것은 당연하다. 하지만 과도한 피해 의식이나, 열등감 등의 이유로 사소한 일에 크게 화를 내고 싸움을 만드는 사람은 문제가 된다.

이들은 대개 자신의 요구나 의사가 제대로 받아들여진 적이 없어서 분노할 때도 다소 과격하게 표현하는 경우가 많다. 여기에 해당하는 사람과 연애를 계속하고 싶다면 상대의 부정적 감정을 부드럽게 다룰 줄 알아야 한다. 이때 가장 좋은 방법으로 ① 상대의 서운함과 분노를 알아봐주고 ② 그 행동이 얼마나 당신에게 상처가 되는지 전달한 후 ③ 올바른 방향을 제시하는 방법을 추천한다.

상대의 감정을 알아주기 ⇒ 분노에 대한 결과 전달 ⇒ 대안 제시 및 교정

예시 ① 친구들과 약속이 잦다고 화낼 때

"나는 네가 그렇게까지 생각할 줄은 몰랐는데 들어보니까 나라도 좀 서운할 수 있겠다고 생각해."

→ 상대의 생각과 분노를 인지했음을 드러내기

"그런데 지금 내가 너를 사랑하지 않는다고 말하는 건 좀 아프다."

→ 상대의 분노에 대한 결과 전달

"나는 네가 그날 친구 만나지 말고 데이트하자고 했으면 당연히 너랑 만났을 거거든. 나도 너랑 있는 게 더 좋으니까."

→ 대안 제시 및 교정

위와 같이 상대가 화를 내지 않고 자신의 의견이나 감정을 전달할 수 있도록 대화를 리드하면 된다.

주관이 없고 리드하지 못하는 사람

간혹 데이트 코스나 관계의 주도권을 상대에게 온전히 맡기는 사람이 있다. 이들은 대개 타인의 평가를 지나치게 의식해서 과한 배려를 하거나, 자신감이 없는 태도를 보인다.

가령, 자신은 파스타가 먹고 싶지만, 혹시나 상대가 이것을 좋아하지 않을지도 모른다는 걱정과 원치 않는 것을 먹게 만들 수 있다는 두려움으로 자신의 취향조차 말을 할 수 없게 되는 것이다.

이런 타입을 '리드할 줄 아는 사람'으로 변화시키는 데는 취향과 안목에 대한 칭찬이 효과적이다. 이 외에도 상대의 선택에 만족했다는 것을 드러내는 리액션도 도움이 된다.

- "그때 네가 알려준 이자카야[9]에 친구랑 갔다 왔는데 분위기가 진짜 너무 좋더라. 애들이 사진 찍고 난리 났었어."
- "오늘 네가 파스타 먹자고 해서 다행이다. 그게 아니었으면 이런 맛집 못 찾을 뻔했다. 딱! 내 취향이야."

상대의 취향과 선택에 만족해하는 모습을 보이며 자신감을 높여주다 보면 조금씩 데이트 코스, 음식 메뉴, 원하는 방향을 제안하는 일이 늘

9 居酒屋, 술 종류와 그에 따른 간단한 요리를 제공하는 일본 음식점이다. (출처: 위키백과)

어나게 될 것이다.

상대의 집착을 컨트롤하기

사람과 사람이 맺는 모든 관계는 그에 맞는 책임과 의무가 수반된다. 연인 관계는 타인과 맺을 수 있는 가장 밀접한 관계 중 하나라서 서로에게 많은 권리와 의무를 부여하게 된다. 하지만 이것이 도를 넘어 집착하고 구속하는 수준이 된다면 괴로운 연애가 시작되고 만다.

대체 그들은 왜 남자(여자) 친구에게 집착하는 걸까? 이유는 단 하나. 상대가 나를 떠날지도 모른다는 불안감 때문이다. 그래서 자신이 만나는 사람을 구속하고 곁에 붙어 있으려고 지나치게 애를 쓰는 것이다.

여기에 해당하는 유형과 연애를 하고 있다면 잦은 애정 표현과 미래에 관한 이야기로 상대의 불안감을 낮춰주는 것이 좋다.

- 일하는데 갑자기 네 생각이 났잖아. 그러니까 괜히 더 보고 싶다.

→ 애정 표현

- 우리 다음 달 휴가는 부산으로 가자. 너랑 바다 보면 좋겠다.

→ 미래에 상대가 있음을 암시

- 바쁜 일 좀 끝나고 나면 우리 함께 맛집 지도 만들어서 다녀보자. 생각만 해도 너무 재미있겠다. 그치?

→ 미래에 상대가 있음을 암시

상대의 자존감을 높이자

자존감이 낮은 사람은 스스로를 엄격하게 평가하거나 자신의 모습을 부정적으로 보는 경우가 많아서 다양한 콤플렉스를 가지고 있다. 만일 여기에 해당하는 타입을 만나 연애하고 있다면 상대의 장점을 반복적으로 일깨워주는 것보다는 단점을 장점으로 느끼게 만들어 주는 칭찬으로 상대의 자존감을 높여주는 것이 필요하다.

예를 들어 생각이 많은 탓에 매사에 주저하게 되는 것이 자신의 단점이라고 여기는 사람에게

"난 진짜 성격이 급해서 너처럼 신중한 사람 보면 닮고 싶더라."

라는 칭찬으로 상대가 자신의 단점이라고 여기는 것을 장점으로 바꿔 주기만 하면 된다.

자존감이 낮은 사람들은 타인의 칭찬과 인정에 익숙하지 않아서 처음에는 어색하게 반응할 수도 있다. 하지만 꾸준히 반복하다 보면 어느새 자존감이 높아진 당신의 연인을 마주할 수 있을 것이다.

의도를 감추면 스킨십이 열린다

스킨십은 양날의 검 같아서 어떤 때에는 둘 사이를 가깝게 만들어 주기도 하고 가끔은 서로를 더 멀어지게 만들기도 한다. 그래서 알게 된 지 얼마 안 된 사이나 상대의 감정을 확신할 수 없을 때는 가벼운 스킨십을 하더라도 주의가 필요하다.

미리 말하지만 스킨십을 시도할 때 상대의 불편한 기분을 빠르게 읽지 못한다면 곤란한 상황이 생기게 되므로 모태솔로나 눈치가 없는 사람은 함부로 따라 하지 않는 것이 좋다.

사회적인 스킨십에 거부감 확인

신체 접촉은 꼴 보기 싫은 직장 상사와도 가능한 사회적인 스킨십, 친밀한 관계에서 나누는 프랜들리 스킨십 그리고 연인이나 썸에서 진행되는 로맨틱한 스킨십으로 나눌 수 있다.

아직 어떤 사이로도 정의되지 않은 관계라면 사회적인 스킨십으로 상대가 당신에게 인간적인 호감을 느끼고 있는지를 파악하는 것이 필요하다.

아무리 싫은 직장 상사와도 할 수 있는 것이 사회적인 스킨십이라지만, 단체 생활과 권력 구조에서 억지 사회성을 발휘해야 하는 상황이 아니라면 싫은 사람과의 접촉은 피하고 싶은 것이 당연하다. 그래서 이 사회적인 스킨십으로 상대의 최소 호감을 알아볼 수 있는 것이다.

갑자기 할 말이 생각난 듯 "맞아! 근데 너 이거 알고 있어?" 하면서 어깨를 톡톡- 가볍게 두드리는 스킨십을 하거나 대화 중에 둘의 취향이 비슷하다는 걸 알게 됐을 때 피스트 범프[10]를 시도해 보자. 당신에게 친밀감이나 최소 인간적인 호감을 느끼고 있는 사람이라면 이러한 행동에 뒤로 물러서거나 거절하지 않을 것이다.

도움과 칭찬으로 의도 감추기

첫 관문인 사회적인 스킨십 영역에서 상대가 전혀 거리낌이 없었다면 좀 더 친밀한 느낌의 프랜들리 스킨십으로 넘어가자. 이때는 '내가 너를 도와줄게' 또는 '나는 네 도움이 필요해'라는 방식, 즉 매너나 도움의 명분을 가지고 스킨십을 유도하는 것이 좋다.

여자는 하이힐을 신었을 때 경사가 심한 내리막길이나 계단을 내려올 때 중심 잡기가 어려워진다. 이때 빠르게 눈치채고 잡으라는 시늉을 하

10 한국에서는 흔히 주먹인사라고 부른다. 주먹과 주먹을 맞부딪치는 걸로 하는 인사의 한 방법. (출처: 네이버 나무위키)

며 팔을 내밀거나, 여자의 경우라면 먼저 남자의 팔을 잡아도 괜찮은지 묻는 것으로 적절한 명분의 스킨십을 만들 수 있다.

- "너, 요즘 운동한 티 난다." (칭찬하면서 팔이나 어깨를 가볍게 터치)
- "너, 네일 케어한 거 예쁘다. 봐. 보자." (슬쩍 손잡는 스킨십)
- 함께 우산을 쓸 때 팔짱을 끼거나 어깨동무하는 스킨십

스킨십은 대개 원하는 쪽이 리드하고 한쪽이 이끌리는 경우가 많지만, 아직 긴가민가한 관계라면 동의를 얻는 것도 방법이다.

예시①

남: (손)잡고 내려올래? → 상대가 손을 잡게 만들기

여: 고마워.

예시②

여: 어? 머리에 뭐 묻었다.

남: 어디 어디?

(상대의 반응을 보고 실오라기를 떼 주며 가벼운 스킨십)

이러한 스킨십을 유도했을 때 상대가 응해 주는가, 꺼리는 내색을 보이는가를 확인하는 것으로 상대의 호감과 현재의 관계를 쉽게 가늠할 수 있다.

로맨틱의 시작은 유사 스킨십으로

이렇게 친밀한 관계에서 가능한 스킨십으로 호의적인 반응을 받아냈다면 이제 로맨틱한 스킨십에 들어갈 타이밍이다. 이때는 친밀한 영역과 같거나 그 이상으로 물리적 거리가 가까워지게 되는데 아직 그만큼 가까운 스킨십을 시도하기 조심스럽다면 마치 닿은 것 같은 느낌을 주는 유사 스킨십을 시도해 보자.

예를 들면, 차에서 상대의 안전벨트를 매주는 행동으로 물리적 거리를 좁히면 마치 허그를 한 것과 같은 긴장과 설렘을 유발할 수 있다. 또한 "귀걸이 특이하다." 하면서 귀걸이를 가까이 들여다보거나 터치하는 것만으로도 마치 스킨십을 하는 것 같은 느낌을 줄 수 있고 입가에 묻은 걸 손이나 티슈로 닦아주는 것으로도 은근히 섹슈얼한 느낌을 줄 수 있다.

신체적인 접촉은 아무리 가볍더라도 경우에 따라 큰 불쾌감을 줄 수 있으니 상대가 불편한 기색을 비치는지 빠르게 알아차리는 눈치가 필요하다.

당신의 연애가 꼬이는 이유

사람들과 만날 기회도 만들고, 유튜브나 책으로 연애도 배우고, 자기 관리도 부지런히 하는데 이상하게 연애가 자꾸 꼬인다면 연애를 망치는 습관이 있는지 스스로 점검해봐야 한다. 열 가지 장점을 가진 것 보다 치명적인 단점을 커버하는 것이 더 중요한 일! 지금부터 자신의 연애가 꼬이는 이유가 뭔지 알아보자.

서두르면 놓쳐요

성격이 급한 사람의 연애 패턴을 보면 혼자서 관계를 리드하거나, 누구보다 빠르게 실패하거나 둘 중 하나로 뚜렷하게 나뉜다. 급한 성격 탓에 만남이나 관계의 시작을 저돌적으로 밀어붙이는데, 이때 상대가 매력이 다소 약하고 수동적인 타입이라면 빠른 속도를 맞춰주면서 연애에 성공하지만 그게 아니라면 처참하게 실패하고 마는 것이다.

성급한 애정 표현과 특정 관계로 발전하기 위해 상대를 재촉하는 행동은 자신의 아쉬운 입장을 대변하는 태도가 된다. 그러니 매력적인 사람들이 끌려오지 않는 것이 당연하다. 여기에 해당하는 사람들은 좋아하는 사람의 성향을 살피고 여유 있는 태도로 그들의 마음을 움직이는 것이 무엇보다 중요하다.

연애 자신감 높이기

"다른 때는 괜찮은데 좋아하는 사람만 생기면 버퍼링이 걸려요.

다른 사람 앞에서는 장난도 잘 치고 말도 잘하지만, 막상 좋아하는 사람 앞에서는 머릿속이 하얘지고 어색하게 행동하게 되는 것 때문에 고민하는 사람이 생각보다 많다. 관심남·관심녀만 만나면 평소에 친구들과 나누었던 일상대화의 패턴도 전혀 기억나지 않는 답답함을 어떻게 말로 다 표현할 수 있을까.

대부분 이런 문제를 겪는 사람들은 자신의 자존감 부재를 의심하고 자존감을 높이기 위해서 애를 쓰는데 이것은 잘못된 접근이다.

한번 생각해 보자. 아무리 자존감이 높은 사람이라 하더라도 평범하게 살아온 사람이 갑작스럽게 재벌들의 모임에 간다면 과연 그곳에서도 계속 당당할 수 있을까. 내로라하는 문과 수석도 이과 천재들 사이에 홀로 놓인다면 주눅 들지 않을까.

이렇듯 자존감은 상황과 환경에 따라서 낮아졌다가 높아졌다가를 반복하기 때문에 좋아하는 사람 앞에서 긴장하는 특정 모습만 보고 자신의 자존감을 의심하는 것은 불필요한 행동이다.

평소에 일상생활을 할 때는 스스로 자존감이 낮다는 생각하지 못했지만 좋아하는 사람이 생기는 순간 자꾸 작아지는 기분이 든다면 낮은 연애 자신감을 의심해 봐야 한다. 이것은 연애 경험의 부족과 불안정한 연애의 반복으로 만들어지게 되는데 그 결과, 좋아하는 사람 앞에서 자신이 매력적으로 보일 거라는 자신감이 떨어지게 되고 나아가 소극적인 태도와 높은 긴장도를 드러내게 되는 것이다.

연애의 자신감은 자신이 가진 매력을 제대로 인지하고, 원하는 사람의 마음을 사로잡을 수 있는 방법을 아는 것만으로도 충분히 높아질 수 있다. 그러니 너무 불안해하지 말자. 당신의 연애 자신감 높이기는 이 책을 읽는 순간 이미 시작됐으니까.

알면 알수록 매력적인 사람

썸을 타거나 연애를 할 때, 상대가 자신을 질려할까 봐 걱정을 해본 적이 있는가. 이런 불안감을 느끼는 대부분 사람은 하루의 일과가 지나치게 단조롭다는 공통점을 가지고 있다. 가령, 일과가 학교에서 수업받고 학원 갔다가 집에 오는 게 전부라던가 회사에서 일하고 집에 와서 잠들기 바쁜 하루처럼 말이다.

이렇게 특별할 것 없는 일상의 반복 때문에 시간이 갈수록 할 말이 없어지고 매일 똑같은 얘기만 하는 스스로를 알고 있기에 자꾸만 불안해지는 것이다. 이때는 상대의 애정을 붙잡아 두기 위해 앞서 말한 연애의 팁들을 사용하는 것보다 오늘의 일과를 바꾸는 것이 더 중요하다.

상대의 흥미를 유발할 수 있는 다양한 사건들로 자신의 하루를 채워

주는 것이 가장 좋은 방법이지만 가뜩이나 바쁜 하루에 그런 일들을 만드는 게 쉽지 않다는 걸 알고 있다. 그래서 남의 하루를 빌려 오는 약간의 꼼수를 추천한다.

- "내가 아는 사람이 얼마 전에 포도를 먹다가 이가 깨졌다더라? 포도 먹다가 이 부러진 사람은 처음 봤어.
- "회사 선배가 남자 친구랑 얼마 전에 헤어졌다는데 아직까지 일하다가 울고 그러더라. 안쓰러워 죽겠어.

이렇게 주변 사람들의 이야기를 이용하면 훨씬 대화 주제가 다양해지고, 상대는 당신을 흥미로운 사람이라고 생각하게 된다.

당신은 고슴도치인가요?

동물이든 사람이든 상처받으면 경계심이 커지게 되고 다른 사람들의 접근을 차단하기 위해 공격적으로 바뀐다. 사람에게 상처받은 고양이가 사람을 보고 하악질을 하는 것처럼, 자신이 상처받을까 두려워하는 사람은 날을 세우게 되는데 이것은 타인에게 비호의적인 태도로 읽힌다.

물론, 이미 상대가 사랑에 빠졌다면 그런 날이 선 모습도 이해하려 하겠지만 이틀 전에 만난 사람이 누군가의 상처를 이해하는 그런 일은 드라마에서나 일어나지 현실에서 일어나지 않는다는 사실을 알아야 한다. 그러니 좋은 사람을 만나고 싶다면 비련의 주인공 코스프레부터 그만두기로 하자.

그들은 당신을 시험하고 있다

현재 만나고 있는 사람이 자신의 연애 대상자로서 또는 배우자로서 얼마나 잘 맞는지, 마음을 줘도 괜찮은 사람인지를 확인하기 위해 다소 기분 나쁜 떠보기를 하는 사람이 있다. 이름하여 '싯 테스트(Shit test)'! 불안감이 많은 그들이 파놓은 이 함정을 여유롭게 돌파할 정답을 공개한다.

너, 주변에 남자(여자) 많지? [불쾌 지수 ★★☆☆☆]

관심 있는 사람 주변에 자신이 경계해야 할 이성이 있는가를 확인하는 이 질문은 강도가 다소 약하지만 썸을 타기 전에 흔히 나오는 떠보기다. 얼핏 들으면 인기가 많은 것처럼 보인다로 해석할 수 있으나 자칫 이성 관계가 깔끔하지 않아 보인다는 말이 될 수도 있기 때문에 듣기에 썩 유쾌한 말은 아니다. 이때 "내가 남자(여자) 많아 보여? 왜?"라고 되물어 보면 상대는 당황 하거나 이성 친구가 많다고 생각하는 이유, 즉 당신의 장점을 얘기하게 될 것이므로 상황을 쉽게 역전시킬 수 있다.

소개팅할래? [불쾌 지수 ★★★★☆]

애매하게 썸을 타고 있는 사이에서 이런 질문을 듣게 되면 허탈감과 불쾌감을 느끼게 된다. 하지만 남녀 불문하고 상대의 마음을 떠보기 위해 소개팅을 권유하는 이들은 여전히 많다. 이런 기분 나쁜 떠보기를 당했다면 속으로 화를 삭이지 말고 "넌 내가 다른 사람 만났으면 좋겠어?"라고 대답하자. 생각지도 못한 질문에 상대는 당황하게 될 것이다.

계산 안 하는 여자 진짜 별로더라 [불쾌 지수 ★★★★☆]

이 외에도 "스킨십 진도를 빨리 빼려는 남자는 진짜 별로야."라는 등의 젠더 이슈라든가 처럼 미묘하게 성별 간 갈등을 조장하는 듯한 말을 하면서 상대의 반응을 떠보는 사람이 있다. 여기에는 '너는 그런 사람이 아니었으면 좋겠어' '네가 그런 사람이면 안 만날 거야' 같은 바람과 가벼운 협박이 담겨 있지만 그것을 표현하는 방식이 잘 못 되었기 때문에 듣는 사람은 기분이 나쁠 수밖에 없다. 이때는 반대의 상황 또는 반대의 성별을 넣어 상대의 말을 되돌려 주는 것이 가장 좋은 대응이다.

예시①

남: 나는 계산 안 하는 여자 진짜 별로더라

여: 나도 계산할 때 눈치 보는 남자 본 적 있는데 진짜 깨더라. 난 네 기분 이해해.

예시 ②

여: 나는 스킨십 못 해서 안달 난 남자는 정떨어지더라.

남: 맞아. 사실 스킨십 속도는 서로 맞추는 거니까. 나도 스킨십 속도 안 맞는 사람을 만난 적 있었는데 결국 헤어졌잖아. 무조건 거절만 하니까 상처받더라고.

친구가 먼저야, 여친이 먼저야? [불쾌 지수 ★☆☆☆☆]

이것은 연애부터 결혼 후 까지 나오는 질문으로 남자보다 여자가 더 많이 하는데 듣는 사람의 기분을 상하게 만들지는 않지만, 정답은 존재한다. "넌 친구가 먼저야, 여친이 먼저야?"라는 질문이라면 정답이 여친이라는 것을 모두 알고 있겠지만 이와 비슷하게 "만약에 내가 어머님과 고부갈등이 생기면 어떻게 할 거야?"와 같은 비교 대상이 부모가 되는 질문에는 선뜻 대답이 나오지 않게 될 것이다. 이때는 무조건 네 편 내 편을 나누기보다 "그런 일은 안 생길 거야. 내가 중간에서 잘할 거거든."이라고 하여, 선택지에서 벗어나는 현명한 처세가 필요하다.

여자(남자)들은 일로 바쁜 사람을 이해하지 못하더라 넌 어때? [불쾌 지수 ★★☆☆☆]

이 질문을 하는 대부분의 사람들은 업무를 이해 못 해주는 남친(여친)을 만나 스트레스를 받았던 경험이 있는 경우가 많다. 이런 질문을 받게 되면 많은 이들이 "난 이해할 수 있어" "애도 아니고 일하는 걸로 서운해할 필요 없지" 같은 상대의 기분을 헤아려주는 대답을 하게 되지만 이것은 완벽한 오답이다. 이렇게 답하는 순간 당신은 상대의 취향에 맞는 사람이 될 수는 있으나 나중에 상대가 일이 바쁘다는 핑계로 관계에 소홀해져도 서운함을 티 내지 못하는 상황이 만들어질 수도 있다. 이때는 '가능/불가능'으로 답하기보다 "이해는 할 수 있지. 근데 네 성격에 만나는 사람 서운하게 하지는 않을 것 같은데?"라는 센스 있는 대답으로 상황을 넘기는 것이 좋다.

이 외에도 사람을 떠보기 위해 하는 질문은 수도 없이 많고 예상보다 훨씬 더 극단적이며 자극적일 수 있다. 다소 무례한 질문을 받는 경우에는 상대가 바라는 대답으로 맞춰주려 하기보다는 되레 당황하게 만드는 태도로 더 이상 불쾌한 떠보기를 하지 못하게 만들자.

비련의 주인공 코스프레를 하며 기회를 놓치고 말 건지,

상처를 극복하고 새로운 시작을 할 것인지는 자신에게 달렸다.

07

연애에 완벽한 실패는 없다

안달 나지 않는 방법

좋아하는 감정이 생기면 상대의 말 한마디에도 기분이 왔다 갔다 하고, 의미 없는 행동 하나에도 착각과 실망을 몇 번이고 반복하게 된다. 이런 감정의 롤러코스터에 안달 나는 그 기분을 충분히 이해하지만, 이 구간을 무사히 넘기지 못하면 연애사에 흑역사 한 줄이 추가되는 건 불 보듯 뻔하다. 그래서 상대와 자신의 감정이 동일하지 않을 때 마음을 컨트롤할 방법을 준비했다.

감정의 거품 빼기

단시간 내에 사랑에 빠지는 금사빠는 누군가에게 한 번 꽂히는 순간, 상대의 단편적인 모습을 보고 겪어보지 못한 이면을 자신의 입맛대로 상상해 버리는 버릇이 있다. 그 버릇은 그저 평범한 사람을 눈 깜짝할 사이에 완벽한 사람으로 만들어 버리게 된다. 그래서 반복적으로 짝사랑을 하는 사람이나, 금방 사랑에 빠지는 사람의 이야기를 들어보면 정작 좋아하는 대상에 대해 알고 있는 정보가 거의 없다.

상대가 어떻게 연애하고 어떻게 헤어졌는지, 어떤 연애관을 가졌는지, 주변 이성 친구와의 관계는 어떤지, 무슨 고민하고 있는지, 술버릇과 인성을 비롯하여 연애하기 좋은 사람이라고 평가할 수 있는 어떤 정보도 알지 못한 채로 자신이 사랑에 빠졌다고 말한다.

만약 좋아하는 사람이 데이트할 때 한 번도 지갑을 열지 않던가, 헤픈 씀씀이를 가지고 있던가, 술자리에 이성을 끊임없이 유혹하는 끼 많은 사람이라는 것을 알아도 여전히 사랑한다고 말할 수 있을까? 아마 대부분은 아니라고 할 것이다. 당신의 애정은 사실 이렇게나 얄팍하고 사람들은 그것을 사랑이라 부르지 않는다. 그저 강렬한 끌림, 그뿐이다.

누군가의 외모와 매력을 비롯한 다양한 장점으로 인하여 강렬한 끌림을 느낄 수는 있다. 하지만 그것을 사랑이라고 착각하는 순간 사랑에 빠진 사람들이 할 수 있는 모든 행동을 하게 된다.

상대의 애정을 열렬하게 갈구하고 서운함을 느끼며 기대하고 실망하면서 속을 태우게 되는 것이다. 이런 자신이 괴롭다면 가장 먼저 감정의 거품을 빼고 지금 느끼고 있는 게 사랑인지 강렬한 끌림인지를 구별해야 한다.

안달이 날 때 절대로 하지 말아야 할 단 하나

좋아하는 사람이 자기 뜻대로 움직여 주지 않을 때, 하염없이 오지 않는 상대의 연락을 기다리는 자신을 보며 문득 혼자만 하는 사랑에 처량

하다는 생각이 들 때가 있다. 괜히 억울한 기분에 '나도 내 할 일을 하면서 보낼 거야!'라는 다짐을 하며 평소에는 시도하지 않았던 자기 계발을 시작한다. 하지만 대부분 하나도 효과를 보지 못한다. 자고로 지루한 것을 하면 할수록 흥미로운 일이 더 간절해지는 법이니까. 아무리 강한 의지를 갖추고 있는 사람이라 해도 세상에 가장 지루한 공부를 하면서 좋아하는 사람을 떠올리는 것을 멈추기란 쉽지 않다.

물론 이론상으로는 상대를 기다리는 시간에 차라리 공부하는 것이 인생에 유익하겠지만 그것은 오롯이 공부에 집중할 수 있을 때 해당하는 얘기고, 집중하지 못한다면 그저 비생산적인 활동이 될 뿐이다. 그러니 기왕 비생산적인 활동을 할 거라면 높은 몰입도와 흥미를 불러일으키는 예능, 게임, 드라마로 관심을 잠시 돌리도록 하자. 흥미로운 것들에 빠져 있다 보면 그 사람의 연락을 기다리는 일도 비교적 편안해지고, 불안한 마음에도 잠시 여유가 찾아올 것이다.

만약 게임이나 미디어에 흥미를 느끼지 못하는 사람이라면 고강도 운동으로 생각할 겨를이 없게 만드는 것도 좋다. 몸매도 관리하고 한쪽으로 몰린 관심도 분산할 수 있는 나름 효율적인 방법이다. 또한 상대를 생각하는 시간이 많아져서 괴로워질 때는 여럿이 함께 즐길 수 있는 취미 생활을 하거나 사람들을 만나며 활동적인 시간을 보내는 것도 도움이 된다.

덜 사랑하는 방법

이렇게 감정이 생기는 과정에서 자신의 호감을 적당히 드러내며 다가가는 것을 택하는 대신, 마음을 숨기며 좋아하는 사람이 알아서 다가와 줄 때까지 기다리는 사람이 있다. 이들은 어떠한 행동도 하지 않으면서 그 사람의 마음을 온갖 추측으로 짐작하고, 상상하며 많은 시간을 보낸다. 그러는 동안 상대를 위한 시간과 감정의 투자가 무의미하게 발생하게 되는데 이런 투자에 대한 보상심리로 더 간절하게 그 사람을 원하게 되는 것이다. 그러니 작은 호감이 생겼을 때부터 가볍게 드러내며 서로의 거리를 좁히는 행동으로 안달 나게 되는 마음을 미연에 방지하는 것이 좋다.

나를 잊을 수 없게 만들기

세상에 잊히길 바라는 사람은 없다. 관심 있는 사람에게 다가가는 순간부터 연애하는 중에도, 혹시나 겪게 될 이별 후까지도 자신이 만난 사람에게 오래도록 잊을 수 없는 사람이 되길 바란다. 이런 모두의 바람을 이뤄줄 방법을 소개한다.

나, 코알라 닮았단 소리를 많이 듣는데 진짜 닮았어?

살면서 연예인 누구를 닮았다든가, 어떤 대상을 닮았다는 이야기를 한 번쯤은 들어봤을 텐데 이것을 이용해 상대에게 기억되는 방법이 있다.

남: 나, 코알라 닮았단 소리를 많이 듣는데 진짜 닮았어?

여: 어? 그러고 보니 좀 그런 것도 같다.

남: 대체 어디가? 난 아무리 거울 봐도 모르겠던데.

여: 얼굴도 그렇고 뭔가 좀… 너는 동글동글한 느낌이 있잖아.

단순히 누군가를, 무엇을 닮았다는 것을 알려주는 게 아니라 구체적으로 어디가 닮았는지를 질문하면서 상대가 자기 얼굴을 찬찬히 훑어볼 수 있게 하는 게 포인트다. 이렇게 한 번 연상되기 시작하면 상대는 TV나 인터넷에서 닮은 것을 보게 될 때마다 자동으로 떠올리게 된다. 이러한 패턴을 암기법에 적용하여 높은 매출을 올린 영어 교재도 있는데 연애에 적용 못할 게 뭐가 있겠는가.

의외의 포인트를 잡자

사람은 누군가를 볼 때 무의식적으로 상대에 대한 평가와 그에 맞는 기대를 하게 된다. 우리도 TV나 유튜브를 볼 때 '저 사람은 진짜 센 캐릭터 같다.'라는 생각을 하지 않던가. 그런데 그렇게 까칠하고 세 보이는 사람에게서 의외의 귀여운 포인트를 발견한다면? 큰 덩치와 무서운 인상으로 형사나 건달 역할을 맡던 마동석 배우만 봐도 그렇다. 사람들의 기대를 깨는 의외의 포인트로 한순간 '마블리'라는 애칭을 얻어서 화장품 광고까지 섭렵하는 결과를 얻지 않았는가. 이렇게 사람들의 평가와 기대를 위반하는 것을 잘 이용하면 긍정적인 효과를 만들 수 있다.

여: ○○씨는 주량이 얼마나 돼요?

남: 저는 소주 두 병 정도? 메리 씨는요?

여: 전 딱 봐도 술 잘 마실 것처럼 생겼죠?

→ 평가하게 하기

남: 맞아요. ㅋㅋ 사실 그 생각했는데.

여: 근데 주량이 맥주 700cc예요. 알쓰라서. ㅋㅋ

→ 기대 위반

잘 노는 것처럼 보이는데 알고 보면 쑥스러움을 많이 탄다던가, 사람들과 어울리는 것을 좋아하는 것처럼 보이는데 혼자 하는 조용한 취미를 선호한다던가. 이렇게 사람들이 일반적으로 평가하고 기대하는 것과 상반된 사실을 밝히거나 실제로 드러냈을 때 더욱 강렬하게 기억에 남게 된다.

일상에 스며들기

상대가 특별하게 좋아하는 음료나 음식이 있다면 반복적으로 노출하여 손쉽게 상대의 기억에 깊이 스며들 수 있다. 만약 카페에 가면 늘 토피넛 라테만 마시는 사람과 사귀고 있다면 데이트하지 않을 때도 토피넛 라테를 보면 자동으로 그 사람이 떠오르게 될 가능성이 매우 크다. 이렇게 특정 물건에 자신을 엮어 상대의 무의식에 남기는 방법은 가장 쉬우면서도 가장 긴 여운을 남긴다.

"나 진짜 탄산 중독이라서 매일 코카콜라 하나씩은 마시는 것 같아. 마트에 가서 내 걸 사면서 네 것도 샀는데 일하다가 마셔."

과거에 로맨틱함이라곤 티끌도 찾아볼 수 없는 이 코카콜라 번들을 만나던 사람에게 몇 번 받은 뒤로 마트에서 코카콜라를 볼 때마다 헤어진 그 남자가 떠오르는 묘한 경험을 여전히 하고 있다. 그러니 이 방법을 이용하여 누군가를 기억하기만 하는 사람이 아니라 원하는 사람의 기억에 오래도록 남는 사람이 되기를 바란다.

거절에 숨겨진 상대의 진짜 속마음

어렵게 마음먹고 고백했는데 돌아오는 것이 씁쓸한 거절이라면 상처받게 되는 것이 당연하다. 상대의 거절에 미련 없이 돌아선다면 그런대로 괜찮은 일이겠지만 사람의 마음은 원하는 대로 단칼에 잘리지도, 돌아서지지도 않는다. 만약 아쉬움으로 인해 쉽사리 단념할 수 없다면 남은 가능성을 확인하고 다시 계획을 세워보자.

널 친구 이상으로 생각해 본 적이 없어

상대에게 이런 말을 들었다면 성급하게 고백하고 거절당했을 가능성이 높다.

연애는 상대에게 호감을 보이는 것을 시작으로 그에 상응하는 호의적인 반응을 받아낸 후에 점차 발전되어야 한다. 그게 바로 썸인데 이 순서를 지키지 않고 갑작스럽게 고백부터 하면 거절을 당하게 되는 건 불 보듯 뻔한 일이다.

하지만 기회가 완전히 사라진 것은 아니니 너무 의기소침하지는 말자. 이때는 이 보 전진을 위한 일 보 후퇴가 필요하다.

"네가 그렇다면 별수 없지. 우리 이걸로 어색해지는 거 아니지?"

그 후에 다시 친구의 선을 지키는 행동을 보이면 상대는 당신의 감정이 얼마만큼 정리됐는지, 그렇게 쉽게 접힐만한 애정이었는지를 궁금해하게 된다. 그 궁금증을 해소하기 위해 먼저 다가와 마음을 떠보기 시작할 것이다.

이후에 다시 관계를 진전시킬 때는 상대가 거부감을 느낄 만큼 과한 애정 표현은 자제하는 것이 좋다.

너는 내가 만나고 싶은 사람은 아닌 것 같아

이런 말은 상대에게서 남자로서(여자로서) 끌림을 느끼지 못했을 때 하게 되는 대표적인 거절이다. 이렇게 이성적인 매력의 부재로 인해 문제가 생겼다면 '유혹하는 자, 유혹당하는 자(P.17)'를 참고하여 평소 보여주지 못한 매력을 드러내는 것이 중요하다. 고백을 거절 당한 후에도 친구나 아는 사이로 관계가 지속되고 있다면 상대에게 달라진 자기 모습을 보여 준 뒤 다시 기회를 노려보자.

생각할 시간이 필요해

썸을 타고 있다고 해도 감정의 크기는 서로 다를 수 있다. 이렇게 감정의 격차가 큰 상태에서 고백하게 되면 높은 확률로 생각할 시간을 달라는 거절을 듣게 된다. 이 거절에는 '네가 괜찮은 사람인 건 알겠는데 연애할 만큼 괜찮은지, 내가 너를 그만큼 좋아하는지는 잘 모르겠다'라는 의미가 숨겨져 있다. 쉽게 말해 확신을 가지지 못한 상태라는 것이다. 이때는 "꼭 시간이 필요해? 그건 만나보면서 생각해도 괜찮잖아." "지금 이렇게 생각해보는 것 보다 사귀면서 겪어보는 게 더 낫지 않을까?"라는 말로 만나보고 판단해도 늦지 않다는 것을 알려주는 것이 상대에게 생각을 시간을 주는 것보다 낫다.

바빠서 연애할 시간이 없어

이 거절은 잘 될 가능성이 지극히 낮은 편에 속한다. 이렇게 상대를 거절하는 타입은 크게 두 가지로 나뉘는데 첫 번째는 고백한 사람이 상처받지 않도록 최대한 부드럽게 자기 의사를 전달하는 배려 형, 두 번째는 시간이 없다는 핑계로 어장 관리를 지속하려는 못된 심보를 가진 타입이다.

좋아하는 감정이 생기기 시작하면 없는 시간도 쪼갤 수 있다는 것을 우리는 모두 경험으로 체득하지 않았던가. 그러니 이런 거절에 '여유로워 보일 때 다시 고백해 볼까?'라는 희망 회로를 작동시키지 않길 바란다.

권태기를 돌파하라

연애의 어두운 시기가 있다면 그것은 바로 권태기가 아닐까. 앞이 안 보이는 이 구간을 무사히 넘기는데도 솔루션이 필요하다. 좋은 사람을 권태로움으로 잃지 않도록, 지루함에 속아 좋은 사람을 놓치지 않도록 우리는 좋은 선택을 해야 한다.

만남의 횟수에 미련을 버리기

만나는 사람의 마음이 변했다는 것을 느꼈을 때 불안감에 휩싸이게 되는 것은 당연하다. 이 불안감을 해소하기 위해 일부러 만남의 횟수를 더 늘리기도 하는데 그럴수록 상대가 느끼는 지루함은 커질 수밖에 없다. 이때는 데이트나 통화 시간을 줄이는 것으로 상대방이 연애로 인해 답답함을 느끼지 않도록 만들어주고, 만나는 사람에게 새로운 모습을 보일 수 있도록 스스로를 변화시키는 게 중요하다.

여기서 말하는 변화는 내면과 외면의 변화를 모두 포함하고 있다. 하지만 성격이나 태도가 변하는 것은 타인이 빠르게 알아차리기 어려운 부분이라 관계가 위태로울수록 눈에 띌 수 있는 것들부터 시도하는 것이 좋다.

일상의 데이트에서 벗어나라

연애 초반을 생각해 보면 영화를 보거나, 음식을 먹으러 다니는 평범한 데이트를 하더라도 사랑하는 사람과 함께한다는 사실에 모든 경험이 특별하게 와닿았을 것이다. 하지만 만나는 횟수와 시간이 길어지며 서로가 익숙해질수록 평범한 데이트는 지루함을 유발하게 된다. 한창 좋을 때는 만나는 사람으로 인해 뻔한 데이트가 특별해졌다면, 반대로 권태기에는 새로운 데이트가 사람을 더욱 특별하게 느껴지도록 만들어야 한다.

이때는 가본 적 없는 장소로 함께 여행을 떠나 서로를 의지할 기회를 만들거나 패러글라이딩, 캠핑, 다이빙 같은 활동적인 운동과 경험을 쌓는 것이 좋다. 이는 익숙하지 않은 상황에서 느끼는 신체적, 감정적 변화를 자신의 감정이라고 착각하고 상대에게 좋은 감정을 느끼게 되는 심리적인 반응을 이용한 것이다. 하지만 이런 데이트가 거창하다고 느껴진다면 일상에서 쉽게 위기와 불안감을 조성할 수 있는 방 탈출 게임이나, 여름과 핼러윈 시즌에 열리는 호러 어드벤처 같은 체험을 추천한다.

권태기처럼 관계의 위기가 찾아오지 않았다고 해도 이색 데이트는 둘 사이에 긍정적인 영향을 주기 때문에 가끔은 시도해 보지 않았던 만남으로 미연에 권태기를 방지해 보자.

여럿이 만나는 기회를 늘리라

처음에 강한 끌림을 만들어냈던 매력이나 장점은 연애하는 기간이 길어질수록 그 힘을 발휘하지 못한다. 너무 익숙해져서 지금 만나고 있는 사람이 얼마나 괜찮은 사람인지를 느끼지 못하게 되는 것이다.

이런 상황에서는 상대방에게 자신의 가치에 대해서 스스로 알리는 것보다 제3자가 상대에게 지금 만나고 있는 사람이 얼마나 괜찮은지를 알려주는 것이 더 효과적이다. 그래서 단둘이 만나는 데이트 대신 사람들과 여럿이 어울릴 수 있는 활동이나, 친구들과 모이는 자리에 커플로 참석하는 것이 좋다. 그 자리에 참석한 사람들끼리 오고 가는 칭찬에서 상대는 지금의 연인을 다시금 재평가하게 될 테니까.

이것은 권태기를 느끼고 있는 대상이 직접 보고, 느꼈을 때 효과적이므로 "나, 오늘 누가 번호를 묻고 갔다니까!" "아는 동생이 갑자기 고백하더라." 이런 방법의 말뿐인 가치 높이기는 하지 않도록 하자.

상대가 당신을 구원하게 만들라

앞선 방법은 만나고 있는 사람이 권태로움을 느끼고 있을 때를 가정하여 제시한 솔루션이지만, 반대로 자신이 권태감에서 헤어 나올 방법을 찾는 경우도 존재한다.

연애를 하는 중에 권태감을 느끼게 되면 만나고 있는 사람의 사소한 단점이나 버릇들이 치명적인 결점처럼 느껴진다. 이것은 곧 상대의 가치를 낮게 평가하게 되는 평가절하로 이어지게 만든다. 그래서 권태기를 겪는 사람들이 남친(여친)에게 다소 퉁명스럽고 무신경한 태도를 보이는 것이다.

이런 감정들을 겪고 있다면 만나고 있는 사람이 자신을 구원하게 만드는 것이 가장 좋은 해결책이 된다. 상대가 자신을 구원하게 만듦으로써 지금 만나고 있는 사람이 얼마나 성숙한 사람인지, 얼마나 자신을 아껴주고 사랑해 주는 사람인지 깨달을 수 있기 때문이다.

남들에게 말하지 못했던 과거의 힘든 이야기를 털어놓으며 그것을 포용해 주려는 상대의 태도에서 애정의 크기를 실감하는 것도 좋고, 현재 겪고 있는 고민을 이야기하며 해결 방안을 제시할 기회를 주는 것도 도움이 된다. 이것으로 인해 만나는 사람의 장점을 제대로 보게 되면서 상대를 존중할 수 있게 되고 결과적으로 권태기를 무사히 끝낼 수 있다.

여기서 제시한 다양한 방법들로 연애의 가장 어두운 시기를 무사히 넘길 수 있길 바란다.

당신은 재회를 망치고 있다

‘가만히 있어도 반은 간다’라는 말이 있다. 이처럼 책에 나와 있는 모든 방법을 따라 하는 것보다 하지 말아야 할 것을 안 하는 것만으로 나쁜 상황은 막을 수 있다. 재회도 마찬가지다. 무언가를 하는 것보다 하지 말아야 할 것을 그치는 것으로 성공률은 높아지게 된다. 그러니 재회를 방해하는 최악의 행동부터 미리 알아두자.

매달리기

서로 애정이 있는 관계였다면 이별 앞에서 덤덤하게 돌아서는 일은 불가능에 가깝다. 그래서 보통은 다급하게 상대의 마음을 돌리기 위해 매달리게 되는데, 이렇게 매달리는 것에도 재회의 성공에 영향을 주지 않는 선이 있다.

① 두 번 이상 매달리지 않을 것.

② 이별을 통보받은 3일 내의 기간에만 붙잡을 것.

싸움이 커지게 되면 홧김에 마음에도 없는 이별을 이야기할 때가 있다. 상대가 일시적인 감정에 헤어지자고 말한 거라면 빠르게 사과하고 붙잡는 것이 재회에 도움이 되지만 그 외의 경우라면 덜 매달릴수록 재회의 성공률은 높아지게 된다.

사춘기 시절에 부모님의 공부하란 잔소리를 들으면 괜히 더 공부하기 싫은 마음을 느꼈던 적이 있을 것이다. 이처럼 사람은 자기 의사가 타인으로부터 방해받고 있다는 생각하면 반발심을 가지게 되어 원래 하고자 했던 것들을 더욱더 강하게 열망하게 된다. 이별을 결심한 상대의 의지를 꺾으려고 매달리는 행동도 같은 결과를 부른다. 매달리면 매달릴수록 상대는 더욱 헤어지고 싶다고 생각하게 되는 것이다.

만약 이별을 통보받은 후 3일 내로 재회가 만들어지지 못했다면 다음 장에서 소개할 재회 솔루션을 참고하여 중·장기전을 준비해야 한다.

혹시 다른 사람 생겼어?

자존감이 낮은 사람은 연애할 때도 늘 상대가 자신을 떠날지도 모른다는 걱정을 하며 위태로움을 느낀다. 스스로 남들보다 부족하다고 생각하기 때문에 다른 경쟁자의 출연은 이들의 가장 큰 위협 요소가 된다.

여기에 해당하는 사람들은 이별을 통보받았을 때 평소에 우려하던 상황을 떠올리며 이런 질문을 하게 된다.

"다른 사람 생겼어?"

이런 질문으로 자신의 낮은 자존감이 상대에게 고스란히 전달되고 만다. 그뿐인가? 듣는 입장에서는 환승 연애와 바람을 피웠다고 의심하는 태도에 분노하게 된다. 이런 질문과 근거 없는 추측은 오롯이 상대에게 돌이는 미성숙한 행동이며 재회에 절대 도움이 되지 않는다는 것을 잊지 말아야 한다.

중요한 영역 침범

집은 사람이 가장 안전하다고 느끼는 개인적인 영역이며, 직장이나 학교는 깨어 있는 시간 중에 가장 오래 머무르는 공적인 영역이다. 이렇게 중요한 영역에 사전에 연락도 없이 누군가 불쑥 찾아오는 것을 반기는 사람이 몇이나 되겠는가. 심지어 그렇게 찾아오는 사람이 며칠 전 이별 통보로 어떻게 행동할지 전혀 예측할 수 없는 전 애인이라면 남녀 불문하고 위협을 느끼게 된다.

위협에는 감정적, 사회적, 신체적 위협이 있는데 헤어지고 찾아가는 행동은 이 모든 것을 유발할 수 있다. 헤어진 애인이 집으로 찾아오는 모습에서 자신의 사적인 생활이 침해당하고 있다는 생각에 감정적 위협을 느끼게 되고, 회사나 학교에 찾아오는 전 애인을 보며 자신의 대외적인 이미지를 해친다는 생각에 사회적 위협을 느끼게 된다. 또한 늦은 밤에 분노한 채로 찾아가는 행동에서는 신체적 위협까지 유발할 수 있다.

이렇게 자신을 위협하는 사람과 다시 만나고 싶은 사람이 몇이나 되겠는가. 그러니 이별 후에 예고 없이 나타나는 행동으로 재회 가능성을 멀리 날려버리지 않기를 바란다.

망가진 모습으로 나타나기

이별 후, 다행스럽게도 헤어진 전 애인과 잠깐 만날 기회를 만들었다면 초라하고 볼품없는 모습으로 나타나는 것은 금물이다.

그 사람이 없으면 안 된다는 간절한 마음을 보여주고 싶은 의도든, 스스로를 돌볼 마음의 여유가 없었기 때문이든 마음고생이 역력하게 드러나는 초췌한 몰골로 헤어진 애인을 만나는 것은 상대의 동정심에 호소하는 것밖에 되지 않는다. 연애는 적선 사업이 아니고 세상에 불쌍한 사람과 사귀고 싶은 사람은 없다. 이별을 고한 상대에게 가장 매력적인 모습으로 나타나지는 못할망정, 볼품없는 모습으로 찾아가서 상대가 이별하길 잘했다고 생각하게 만들지 않기로 하자.

가장 빠른 재회를 만드는 솔루션

단기 재회의 루틴

비슷한 문제로 반복된 싸움 끝에 찾아온 이별, 큰 다툼 끝에 욱하는 마음으로 갑작스럽게 한 이별과 같이 감정이 남아 있는 상태에서 헤어졌다면 단기간에 재회가 만들어질 가능성이 크다.

이와 같은 이유로 관계를 끝낼 결심을 한 사람들은 현재의 감정보다 미래에 자신이 더 힘들어질 것을 염려해 헤어짐을 선택하는 경우가 많다. 그래서 상대방에게 냉정하게 헤어지자는 뜻을 전하기보다는 상대가 붙잡을 수 있는 여지를 주며 이별을 고하게 된다.

- "어제 싸우고 나서 생각해 봤는데 나는 네가…."
- "나는 매번 기다리는 사람이고 너는 바뀌지도 않고…."
- "이대로는 내가 너무 힘들어서 안 될 것 같아."

반복했던 잘못, 특정 행동 때문에 이별을 결심했다는 것을 알려주거나 '안 되겠다'가 아니라 '안될 것 같아'라는 확신 없는 말투로 헤어짐을 고하는 경우가 많다. 이런 말을 하는 사람의 내면에는 자신의 상태를 알아주기를 바라는 마음과 둘 사이가 부정적이지 않을 거라는 확신을 갖게 해달라는 바람이 존재한다. 이때 상대의 말에 화를 내며 믿음을 강요하거나 강한 어투로 변명하면 사태가 악화하고 만다. 그러니 단기간 재회에 성공하기 위해서 ①상대의 기분을 이해하고 있음을 알리고 ②부정적인 생각을 전환한 후 ③긍정적인 결론에 도달할 수 있도록 설득하는 것이 좋다.

의도 파악 ⇒ <u>이해와 공감</u> ⇒ 관점의 전환 ⇒ 긍정적 결론

- "나는 네가 그렇게까지 심각하게 생각할 줄은 몰랐는데 네 말을 들어보니까 내가 네 입장을 제대로 생각하지 못했다 싶어."
- "나는 그런 생각이 아니었는데 네가 상처받을 거라는 생각은 못 했어. 네가 그 말을 신경 쓰고 있다는 걸 일찍 알았다면 그런 의도가 아니었다고 말했을 텐데…."

의도 파악 ⇒ 이해와 공감 ⇒ <u>관점의 전환</u> ⇒ 긍정적 결론

- "좋아하는 마음이 아무리 크다고 해도 서로 다른 사람 둘이 만나는데 어떻게 바로 다 맞을 수가 있겠어. 나는 이렇게 네가 서운한 거 얘기해 주고 나도 같이 얘기하면 충분히 맞춰 갈 수 있을 거로 생각하는데, 너는 그렇게 생각하지 않아?"

◉ "나는 그냥 이게 서로 맞춰 가는 과정이라고 생각해. 솔직히 서로 바뀌고 맞추는 게 쉬운 건 아니지만 나는 너랑 더 노력해 보면서 맞춰 가고 싶어."

의도 파악 ⇒ 이해와 공감 ⇒ 관점의 전환 ⇒ 긍정적 결론

◉ "많이 싸운 커플이 오래 사귄다고 하더라. 나는 너랑 오래 만나고 싶어."

◉ "나는 헤어지자는 말 듣고 마음이 내려앉는 기분이 들더라. 서운하고 속상한 게 있으면 이렇게 다 얘기해도 좋은데, 나쁜 생각은 안 했으면 좋겠어. 그렇게까지 생각하게 해서 미안해."

중·장기 재회

위와 같은 단기 재회가 이뤄지는 상황을 제외하면 최소 한 달 이상, 때에 따라서는 더 많은 시간이 필요한 중·장기 재회가 된다. 처음에 헤어지자는 말을 듣고 한 번 매달려 봤음에도 이별을 원하는 상대에게 어떠한 여지도 남아있지 않을 때와 연애 대상으로서의 자격이 박탈될 만큼의 큰 사건이 일어났고 그것을 되돌릴 수 없게 됐을 때는 한발 물러서서 조금 긴 계획을 세워야 한다.

① 리셋 ⇒ 변화 ⇒ 변화된 모습을 드러내기 ⇒ 다가가기

◉ "네 생각이 변하지 않는다면 어쩔 수 없지…. 나 혼자 좋다고 계속 만날 수 있는 건 아니니까. 그동안 더 잘해 주지 못해서 미안해."

연애할 때 마냥 좋기만 한 사람이 얼마나 있을까. 함께라서 행복했던 만큼 싸우면서 상처도 빈번하게 받았을 텐데 그때 생긴 미움과 이별을

결심하기까지 생긴 분노가 휘발될 시간을 확보하는 것이 재회의 시작이 되는 리셋이다.

과거에 우리도 치열하게 누군가를 미워한 적이 있으나 시간이 지나감에 따라 그 미운 마음이 서서히 흐려지는 경험을 해보지 않았는가? 그렇게 기억은 시간에 따라 희석되고 미화되기 마련이다. 당신을 향한 부정적인 감정이 휘발되고 미화가 진행되기 위해서는 완벽한 이별이 필요하다. 바로 재회를 위한 이별인 것이다. 매달렸을 때 어떠한 가능성도 보이지 않는다면 이별을 순순히 받아들이는 모습을 보여야 한다.

이 리셋 기간은 어떤 상황과 어떤 이별을 했느냐에 따라 달라지지만, 최소 2~3주 이상의 시간이 필요하다.

② 리셋 ⇒ 변화 ⇒ 변화된 모습을 드러내기 ⇒ 다가가기

리셋 기간에 해야 할 LIST

- 내적인 변화
- 외적인 변화
- 사회적인 위치 변화
- 각종 SNS에 감성 글 금지

최소 2~3주의 리셋 기간 동안 상대가 가장 크게 불만을 느꼈던 부분이 무엇인지, 어떤 이유로 이별을 결심하게 됐는지 파악하고 그것을 고치는

것이 필요하다. 만나고 있는 사람을 지나치게 통제하고 구속했기 때문인지, 일을 최우선 하여 연애하는 동안 외롭게 만든 탓인지, 반복적인 연락 문제 또는 이성 친구 문제 때문인지, 자기관리가 부족한 탓에 이성으로서의 매력을 잃은 건지, 수십 가지의 가능성 중에서 이별이 만들어진 결정적인 이유를 찾고 그것을 빠르게 수정해야 한다.

하지만 단순히 이별의 원인을 찾아 개선한 것만으로는 재회 확률이 그리 높아지지 않는다. 숙제 검사를 해주는 선생님처럼 헤어진 애인이 일부러 찾아와서 달라진 모습을 확인해 주지 않기 때문이다. 그래서 상대의 관심을 끌어온 뒤에 얼마나 변했는지 알고 싶게 만드는 것이 중요하다. 이때는 권태기를 극복하는 솔루션과 마찬가지로, 상대에게 다시 다가가기 전에 외적인 변화 또는 사회적인 위치 변화를 함께 이뤄내는 것이 효과적이다.

③ 리셋 - 변화 - 변화된 모습을 드러내기 - 다가가기

효과적인 변화된 모습 LIST

- 이별 후 3주가량 지난 뒤에 SNS 활동 시작
- 사람들과 즐겁게 어울리는 모습이 담긴 사진
- 일에 열정적인 모습이 담긴 사진
- 운동 및 자기 관리를 하는 모습이 담긴 사진

최소 2~3주가 지난 뒤에는 SNS를 활용하여 변화된 모습을 보이는 것이 좋다. 얼마나 달라졌고, 얼마나 매력적인 사람인지 상대가 알고 있을수록 연락했을 때 호의적인 반응이 나오게 되니까.

SNS 팔로우가 끊긴 상태라도 확인할 마음만 먹는다면 염탐하는 방법을 생각해 내게 되니 크게 걱정하지는 말자.

잘 살면 잘 사는 대로 서운하고, 못 지내면 못 지내는 대로 짠해지는 것이 이별한 연인들의 마음이라 이별한 상대는 SNS 속 당신의 잘 지내는 모습을 보면 오묘한 기분에 휩싸인다. 이렇게 SNS에서 당신의 근황을 노출한 후 1주일 정도 상대의 연락을 기다려 본 뒤 연락을 취해보는 게 좋다.

④ 리셋 구간 - 내·외면의 변화 - 드러내기 - 다가가기

선톡의 좋은 예

- "우연히 ○○카페를 지나갔는데 네 생각이 나더라. 잘 지내지?"
- "얼마 전에 갑자기 네 생각이 나더라. 불편해할까 봐 고민 많이 했는데… 잘 지내?"

무슨 이유로 헤어졌느냐에 따라서 다기 다가가기 적당한 시기는 1개월에서 8개월까지 달라질 수 있다. 언제가 됐든 다시 다가갈 때는 과거에 좋았던 시절을 떠올릴 수 있게 감성을 자극하는 것이 효과적인데 이때 상대가 받아준다고 해서 "우리 다시 만나볼까?"라고 고백하는 것은 선부른

행동이다. 그사이 상대의 감정이 어떻게 달라졌는지 확인해 보지도 않은 채로 재회를 얘기하는 것은 썸도 타지 않고 대뜸 사귀자고 고백하는 급발진과 다를 게 없기 때문이다. 그러니 가볍게 만남을 만들어 내고 서로 감정을 확인한 후에 썸을 타고 연애로 새롭게 발전하면 된다.

재회는 끊어진 인연의 끈을 다시 묶는 것이 아니라 새로운 시작을 하는 것임을 잊지 않도록 하자.

더 이상 이별이 상처가 되지 않도록

사랑하는 사람과의 이별은 적지 않은 감정적 상처를 남긴다. 이러한 아픔에서 벗어나기 위해 현실 도피로 수면시간을 늘리는 사람도 있고, 다른 사람을 만나며 잊으려고 애쓰는 사람도 있으며, 이러지도 저러지도 못해 눈물로 밤을 지새우는 사람도 있다. 마음을 다친 이들에게는 치유가 필요하듯, 연애의 마지막인 이별을 겪는 당신에게도 치유가 필요하다.

어떻게 네가 나한테 이럴 수 있어?

이별 통보를 받으면 가장 먼저 '나도 노력했는데 어떻게 네가 나한테 이럴 수 있어?'라는 생각이 들며 억울해진다. 이별이 너무나도 부당하다는 생각이 들고, 이 부당함에 분노하게 된다.

재회를 고려하고 있다면 이런 감정을 상대에게 쏟아내는 것은 적절하지 않지만, 자신이 느끼고 있는 감정을 스스로 부정할 필요는 없다. 화가 났음을 인정하고 마음껏 분노하라. 일기장에 욕을 하든, 친구들에게 험담을 늘어놓든 간접적으로 표출할 방법은 얼마든지 있다.

그러니 착한 어른을 흉내 내기 위해 자신의 감정을 애써 억누르는 것은 미련한 짓은 그만두자. 우리는 모든 감정을 통제하는 대단한 사람이 아니라 그저 사랑에 아플 줄 아는 평범한 사람일 뿐이다.

결국엔 돌아올 거야

하루, 이틀 한껏 화를 내고 나면 큰 상실감을 느끼는 동시에, 마음 한편에는 '이 사람과 내가 이렇게 끝날 리 없어. 얼마 못 가서 돌아올 거야.'라는 희망이 자라기 시작한다. 이렇게 이별을 완벽히 받아들이지도, 부정하지도 못하는 상태가 되는 것이다.

이런 상태에 접어들게 되면 대개 자기 파괴적인 생각과 행동을 하게 된다. 이별의 이유를 온전히 자신의 탓으로 돌리며 자책하거나, 심하면 식음을 전폐하고 몇 날 며칠을 우는 경우도 있다. 이때는 헤어짐을 받아들이기 위해 애를 쓰는 것보다 차라리 재회의 가능성에 기대는 것이 마음이 가벼워진다. 현실적인 재회의 가능성을 떠나, 다시 만날 수 있다는 희망의 끈을 잡고 현재의 늪에서 나오는 것이 필요하다는 것이다.

그러니 재회 성공률을 높이는 내·외면의 변화를 시도해 보자. 내·외면을 변화시키는 수많은 방법 중에 무엇을 택하든 현재 하는 자기 파괴적인 행동을 멈추는 데 도움이 된다. 외모를 꾸미는데 시간을 써도 괜찮고, 자신의 성격이나 태도의 변화를 시도해 보는 것도 괜찮지만 가장 좋은 것은 운동이다.

단순히 외적인 변화만을 가져오는 것이 아니라 운동을 하면서 분비되는 화학물질의 영향으로 이별로 힘든 시기를 조금 더 수월하게 견뎌낼 수 있도록 도와준다. 운동 후에 기분과 컨디션이 좋아진다는 것은 이미 수없이 증명되지 않았던가. 마음의 상처를 과학적으로 극복해 내는 게 다소 껄끄럽게 느껴질지 모르겠지만 막상 시작해 보면 이것을 추천한 이유를 몸소 깨닫게 될 것이다.

그래, 어차피 안 될 사이였어

다시 연락이 올 것 같은 그 사람을 기다리는 시간이 어느 정도 흐르고 나면 문득 '그래, 어차피 안 될 사이였어', '계속 만나봤자 더 힘들었을 거야.'라는 생각이 들게 된다. 미련이 완전히 사라진 것은 아니지만 그래도 버틸만하다는 생각이 들 때 긴장의 끈을 단단히 잡아야 한다. 서서히 잊고 있음을 느끼는 이 구간에는 감성을 자극하는 음악과 이별을 이야기하는 노래를 들으면 그야말로 독이 되니 플레이리스트에서 우울한 노래를 삭제하고 신나는 노래로 채우자.

나는 연애하면 안 될 사람인가 봐

얼마 전까지 괜찮아질 것 같은 기분을 느꼈지만, 가끔씩 떠오르는 좋았던 때의 기억과 문득 찾아오는 상대에 대한 그리움으로 무기력해지고 우울해질 수 있다. 괜찮다. 전부 괜찮다.

무기력감과 우울은 혼자서 시간을 보낼수록 더욱 깊어지게 된다. 이때는 자극적인 주변 환경의 변화가 필요한데 익숙하게 만났던 사람들보다 새로운 친구, 새로운 사람들과의 만남을 늘리는 게 좋고, 자주 가는 장소보다 낯선 장소에 가는 것으로 자신을 둘러싼 환경과 인간관계를 환기하는 것이 좋다.

이런 모습은 좋았지만, 이만큼 미래가 없는 사람은 위험했어

이제 조금만 더 버티면 끝이 난다. 우울함에서 벗어나면 헤어진 그 사람의 단점과 장점이 객관적으로 보이고 연애하는 중에 자신의 부족했던 부분도 제대로 알 수 있게 된다. 이별이 오롯이 상대방의 탓으로, 자신만의 잘못으로 일어난 것이 아니라는 것을 깨닫게 되는데 이 단계를 생략하는 바람에 지난 연애가 깊은 상처로 남게 되는 사람이 많다.

이것은 이별의 마지막이며, 이 과정이 모두 끝나야 사람을 보는 안목이 높아지고 자신의 부족한 점을 제대로 보게 된다. 연애로 인해 성숙해지는 것이다. 이 이유로 어떤 연애든 완벽한 실패는 없는 것이다. 누구를 만나 어떤 연애를 했든 그로 인한 배움은 늘 존재하고 이 배움이 더 좋은 연애를, 더 좋은 사람을 만들게 된다.

끝내는 말

"나를 좋아해 주는 사람과 내가 좋아하는 사람 중 어떤 사람을 만나는 쪽인가요?"

이제 이런 질문을 받는다면 내가 좋아하는 사람이 나를 사랑하게 만드는 쪽이라고 당당하게 말할 수 있었으면 합니다.

사람에게는 사랑을 고귀하게 여기는 마음이 있어요. 그래서 사랑을 분석하고 결론을 내고 배우는 것을 꺼리죠. 이 책을 읽은 분 중에는 연애를 배우는 것이 뿌듯하게 느껴진 사람도 있겠지만 아마 '이건 지금까지의 나를 버리라는 말이 아닌가?'라고 생각에 불편해진 사람도 있을 거예요. 하지만 잠시 지난날을 돌이켜보면 우리는 지금까지 이런 식으로 끊임없이 무언가를 배워오지 않았던가요?

학창 시절에는 수년간 수능 공부에 매달린 끝에 원하는 대학에 입학했을 테고, 영어 울렁증이 있는 누군가는 토익 점수를 높이기 위해 틈날 때마다 공부한 끝에 바라던 점수를 얻었겠죠. 이렇게 얻어낸 결과를 확인하면서 자신의 바뀐 모습이 대견스럽고 기특하다고 여겼지 낯설고 껄끄러웠던 사람은 없을 거예요.

연애도 사랑도 마찬가지예요. 당신은 이제 아픈 연애를 반복하지 않기 위해, 인간관계에서 더는 상처 받지 않기 위해 바뀌고 배운 것뿐, 나라는 사람이 없어지게 된 것은 아니에요. 그러니 안 맞는 옷을 입은 듯한 불편함은 던져버리고 원하는 사람에게 매력적으로 다가갈 수 있다는 자신감만 가득 채우길 바랄게요.